PERSUADEZ
POUR
MIEUX
NÉGOCIER

Les Éditions Transcontinental
1100, boul. René-Lévesque Ouest
24ᵉ étage
Montréal (Québec) H3B 4X9
Tél. : (514) 340-3587
       1 866 800-2500

Les Éditions de la Fondation de l'entrepreneurship
55, rue Marie-de-l'Incarnation, bureau 201
Québec (Québec)
G1N 3E9
Tél. : (418) 646-1994, poste 222
       1 800 661-2160, poste 222

La collection *Entreprendre* est une initiative conjointe de la Fondation de l'entrepreneurship et des Éditions Transcontinental visant à répondre aux besoins des futurs et des nouveaux entrepreneurs.

Distribution au Canada
Québec-Livres, 2185, Autoroute des Laurentides, Laval (Québec) H7S 1Z6
Tél. : (450) 687-1210 ou, sans frais, 1 800 251-1210

Données de catalogage avant publication (Canada)
Samson, Alain
Persuadez pour mieux négocier : Trouvez l'information qui renforcera votre message. Présentez efficacement vos arguments. Obtenez le meilleur arrangement possible.

Pub. à l'origine dans la coll. : Vendreplus.com. Drummondville, Québec :
Société-conseil Alain Samson, 2001
Comprend des réf. bibliogr.

ISBN 2-89472-235-4
ISBN 2-89521-065-9

1. Négociations. 2. Persuasion (Psychologie). 3. Manipulation (Psychologie).
4. Négociations - Problèmes et exercices. I. Titre

BF637.N4S25 2003   158'5   C2003-941937-1

Révision : Lyne Roy, Pierre-Yves Thiran
Correction : Diane Boucher
Mise en pages et conception graphique de la couverture : Studio Andrée Robillard

Imprimé au Canada
© Les Éditions Transcontinental, 2003
Dépôt légal — 4ᵉ trimestre 2003
Bibliothèque nationale du Québec
Bibliothèque nationale du Canada

ISBN 2-89472-235-4
ISBN 2-89521-065-9

Nous reconnaissons, pour nos activités d'édition, l'aide financière du gouvernement du Canada, par l'entremise du Programme d'aide au développement de l'industrie de l'édition (PADIÉ), ainsi que celle du gouvernement du Québec (SODEC), par l'entremise du programme Aide à la promotion.

Alain Samson

PERSUADEZ
POUR
MIEUX
NÉGOCIER

FONDATION DE
l'entrepreneurship

La **Fondation de l'entrepreneurship** s'est donnée pour mission de promouvoir la culture entrepreneuriale, sous toutes ses formes d'expression, comme moyen privilégié pour assurer le plein développement économique et social de toutes les régions du Québec.

En plus de promouvoir la culture entrepreneuriale, elle assure un support à la création d'un environnement propice à son développement. Elle joue également un rôle de réseauteur auprès des principaux groupes d'intervenants et poursuit, en collaboration avec un grand nombre d'institutions et de chercheurs, un rôle de vigie sur les nouvelles tendances et les pratiques exemplaires en matière de sensibilisation, d'éducation et d'animation à l'entrepreneurship.

La Fondation de l'entrepreneurship s'acquitte de sa mission grâce à l'expertise et au soutien financier de plusieurs organisations. Elle rend un hommage particulier à ses **partenaires** :

ses **associés gouvernementaux** :

Québec 🔷🔷   Canadä

et remercie ses **gouverneurs** :

Raymond Chabot Grant Thornton 🐝   praxcim

Table des matières

Introduction

En dépit de la dénomination que porte le rayon où vous l'avez trouvé, l'ouvrage que vous tenez entre les mains n'est pas vraiment un livre d'affaires. S'il ne fait aucun doute qu'il vous est d'un grand secours dans la gestion quotidienne de votre entreprise, il saura également vous aider à faire face à vos devoirs de conjoint, de collègue, de patron, de parent, de consommateur, d'arbitre et de voisin.

Après tout, vous avez à négocier dans un très grand nombre de situations dans la vie. Pour illustrer cette réalité, nous suivrons certains personnages tout au long de cet ouvrage. En voici quelques-uns.

> ➤ À l'approche de l'hiver, Sylvie souhaite convaincre son conjoint de prendre des vacances au Mexique plutôt qu'en Floride, où ils sont allés au cours des trois dernières années.

> ➤ Pierre aimerait convaincre sa fille aînée de 19 ans, qui lui apromis de retourner aux études d'ici 5 ans, de demeurer

plutôt à l'école et de terminer sa dernière année de technique vétérinaire avant de se lancer sur le marché du travail.

➤ Danielle aimerait bien convaincre un de ses clients de lui faire confiance et de choisir le réfrigérateur qu'elle lui propose plutôt que de faire affaire avec son principal concurrent.

➤ Denis n'en dort plus ; il aimerait convaincre son patron de lui accorder une augmentation mais, quand vient le temps de faire sa requête, les mots lui manquent et il reporte sa demande au lendemain.

➤ Manon doit s'adresser à un groupe d'acheteurs potentiels. Si elle fait bonne figure, elle gagnera d'un coup une dizaine de clients. Autrement, elle n'aura rien du tout.

➤ Lyse tente de convaincre un collègue de l'aider à compléter une tâche urgente pour laquelle elle ne se sent pas assez compétente. Mais le collègue en question a d'autres chats à fouetter.

➤ Clément, un propriétaire de supermarché, aimerait bien que ses employés fassent preuve de plus de professionnalisme avec les clients.

➤ Michel essaie de convaincre une employée de lui révéler lequel de ses collègues a volé de l'argent dans le tiroir-caisse hier soir.

Si vous vous reconnaissez dans l'un de ces personnages, la lecture de cet ouvrage ne saura vous être que profitable. Tous ces personnages relèveront d'ailleurs tour à tour les défis qui se présentent à eux.

Notre itinéraire

Pour faciliter l'acquisition des concepts que nous présentons et les rendre utilisables, nous avons divisé cet ouvrage en trois parties.

La première partie, intitulée *Les bases de la persuasion,* présente tout ce dont vous avez besoin pour commencer, dès aujourd'hui, à attirer l'attention et à faire passer vos idées.

La deuxième partie, intitulée *Le processus de négociation,* vous aidera à mieux planifier vos négociations et à les mener de façon plus efficace. Dans la mesure où elle repose sur les concepts présentés en première partie, nous vous suggérons de lire les chapitres dans l'ordre proposé. Il est en effet plus facile d'utiliser certains trucs quand on sait pourquoi ils fonctionnent et pourquoi ils sont proposés.

La troisième partie, intitulée *Votre plan de match,* vous permettra de mettre en pratique ce que vous aurez appris. Elle propose une série de grilles permettant d'établir une stratégie complète de persuasion ou de négociation. Ces grilles vous permettront d'atteindre vos objectifs et de trouver ces arguments décisifs qui viennent souvent à l'esprit une fois la négociation terminée.

Peut-on négocier sans persuader ?

Par persuasion, nous entendons l'ensemble des moyens que vous utilisez chaque jour pour faire accepter vos idées. La persuasion repose sur la communication verbale et non verbale.

Par négociation, nous entendons le processus permettant à deux ou plusieurs parties partageant un objectif commun mais ayant des intérêts divergents d'en arriver à une entente. Tandis que la persuasion ne suppose pas *a priori* de compromis, la négociation, quant à elle, dépend en grande partie de la capacité de chacun à mettre de l'eau dans son vin.

Il est certes possible, en recourant à la force et aux menaces, de négocier sans persuader. Votre vis-à-vis risque cependant d'en garder un mauvais souvenir et de songer à des représailles.

Il est également possible, en disant oui à toutes les requêtes, de négocier sans avoir à persuader. Vous risquez toutefois d'y laisser des plumes.

Il n'y aura jamais deux gagnants au terme d'une négociation si la persuasion n'a pas été utilisée par l'une ou l'autre des parties. Si, par contre, vous utilisez la persuasion pendant une négociation, votre vis-à-vis préférera la concession à l'impasse, sera satisfait de sa performance et songera avec plaisir à la prochaine occasion qui lui sera donnée de traiter avec vous. Vous serez également fier de vous et votre estime personnelle s'en trouvera augmentée.

Au début d'une négociation, vous avez le choix entre la persuasion, la coercition et l'aplaventrisme. La persuasion constitue l'arme la plus efficace, celle qui vous mènera le plus loin. La coercition entraînera inévitablement des représailles, et l'aplaventrisme vous minera en vous faisant regretter vos concessions.

Peut-on persuader sans manipuler?

Pour beaucoup, persuasion rime avec manipulation. Il convient donc de faire d'emblée le point sur ces deux types de comportement.

Le mot persuasion recouvre de nombreuses réalités. La persuasion peut aller de la simple influence jusqu'à la manipulation la plus outrée, mais la frontière entre ces comportements est difficile à tracer. Ce qui est perçu comme étant de la manipulation par l'un peut n'être considéré que comme un geste banal par l'autre. Dans les pages qui suivent, nous traiterons donc de l'importance de distinguer ce qui est éthique de ce qui ne l'est pas en matière de persuasion.

Quoi que vous en pensiez et même si vous vous refusez à les employer, vous ne pouvez pas vous permettre d'ignorer les principales tactiques de manipulation utilisées en négociation. Autrement, vous risquez d'être abusé. Un négociateur efficace sait reconnaître les armes qui sont employés contre lui. Dès qu'elles sont identifiées, elles perdent de leur efficacité.

Chaque fois que nous présenterons une tactique frisant la manipulation, nous l'accompagnerons d'un X encadré, comme ci-dessous.

Un tel encadré sera utilisé lorsque nous vous présenterons un **moyen de négociation douteux** du point de vue éthique. Mais, nous le répétons, vous vous devez de connaître ces trucs pour éviter d'être manipulé. Retenez, cependant, que nous ne les endossons pas.

Exercice n° 1

Avant d'entreprendre la lecture de la première partie, nous vous encourageons à prendre quelques instants pour jeter sur papier trois ou quatre situations que vous vivez présentement et où la persuasion ou la négociation est importante. Pliez ensuite cette feuille et utilisez-la comme signet tout au long de votre lecture.

Prenez l'habitude, au début ou à la fin de chaque chapitre, de relire ce que vous avez inscrit sur ce signet et de vous demander dans quelle mesure les concepts présentés peuvent vous aider à relever ces défis. Le simple fait d'associer un concept à votre situation personnelle favorisera votre apprentissage et augmentera votre capacité à utiliser ce concept.

Première partie

Les bases
de la persuasion

1 〉 *Ethos, pathos, logos et...*

C'est le philosophe Aristote qui a, pour la première fois, proposé une formule permettant de mieux persuader et de faire en sorte que les autres épousent notre point de vue. Pour Aristote, un discours persuasif devait posséder obligatoirement trois attributs : l'ethos, le pathos et le logos.

Ethos

Le mot « éthique » vient du grec *êthos*. L'effet de l'ethos pourrait être défini comme celui qu'auront votre crédibilité personnelle et votre apparence sur la personne que vous tentez de persuader. Ainsi, si vous êtes perçu comme quelqu'un de crédible, vous convaincrez plus facilement que si vous avez une réputation douteuse.

Pour ce qui est de la persuasion, la crédibilité est à ce point importante que l'individu que vous tentez de convaincre devient immédiatement imperméable à vos arguments si l'ethos en est absent. Il importe donc de comprendre comment votre vis-à-vis détermine si vous êtes ou non crédible à ses yeux. (Le prochain chapitre est consacré aux moyens d'augmenter sa crédibilité.)

Comment votre vis-à-vis évalue-t-il votre crédibilité ? Dans un premier temps, il se demande si vous savez de quoi vous parlez. Il se pose des questions sur votre **compétence.** Si vous lui paraissez compétent, il est prêt à continuer à vous écouter. S'il en doute, votre tentative de persuasion se termine là ; votre interlocuteur ne fait plus aucun effort pour traiter les informations que vous lui communiquez. À quoi bon prêter attention aux arguments de quelqu'un qui ne sait pas de quoi il parle ?

Si votre vis-à-vis vous trouve compétent, il se demande ensuite si vous êtes **digne de confiance.** Il sait qu'une personne compétente n'est pas forcément fiable. S'il décide que vous êtes digne de confiance, il est prêt à engager la discussion. Autrement, la tentative de persuasion s'arrête là.

L'ethos est question de perception. Vous pouvez être très compétent, mais si la personne que vous tentez d'influencer ne vous perçoit pas comme tel, vous n'aurez même pas l'occasion de lui présenter vos arguments (quand bien même vous vous entêteriez à le faire, vous ne serez pas écouté). Vous pouvez être tout à fait digne de confiance, mais si votre interlocuteur en juge autrement, c'en est fait de votre tentative de persuasion.

Et n'oubliez pas qu'une forte impression au chapitre de la compétence ne vous dégage pas de l'obligation de paraître digne de confiance. Pour que votre tentative de persuasion ait quelque chance de succès, vous devez paraître à la fois compétent et digne de confiance.

Pathos

En rhétorique, le mot grec *pathos* fait référence aux sentiments et à l'émotion. La personne que vous tentez d'influencer sera plus réceptive à vos propos si vous ne vous adressez pas uniquement à ses valeurs. Il existe au moins **3 manières** d'intégrer le pathos à une tentative de persuasion.

1. *Faites en sorte que l'autre personne vous apprécie.* Comme nous le verrons plus loin, des expériences ont prouvé que les gens préfèrent dire oui aux personnes qu'ils apprécient. Si vous arrivez à faire grandir l'affection que l'interlocuteur entretient à votre égard, il sera davantage sensible à votre point de vue.

2. *Ne vous contentez pas de réciter froidement vos arguments.* Vous serez plus persuasif si votre auditoire sent que ce que vous dites vous touche. Imaginez un téléthon où on se contenterait de vous décrire la maladie sans empathie et au cours duquel on ne présenterait pas de cas vécus. Il est fort probable que les dons seraient rares.

3. *Communiquez à votre cible le sentiment qu'elle se sentira mieux après vous avoir dit oui.* Savamment dosées, les promesses de récompense émotionnelle font des merveilles dans le processus de persuasion.

Mais remarquez que, pour le pathos, comme pour l'alcool, la modération a bien meilleur goût. Des envolées trop lyriques réduiront votre crédibilité et mineront vos résultats. Retenez toutefois que les êtres humains prennent souvent une décision sur le coup de l'émotion, puis utilisent la logique pour justifier celle-ci. Une tentative de persuasion sans recours au pathos réduit considérablement les chances de succès.

Logos

Le mot « logique » vient du grec *logos*. Ce terme fait référence aux faits que vous présentez, à la manière que vous utilisez pour les présenter et à la valeur globale de votre argumentation. Il concerne la raison.

Si votre logique est boiteuse, vous n'arriverez pas à persuader. Si vous présentez des faits, puis tirez des conclusions qui n'ont aucun lien avec ces faits, l'effet de votre argumentation diminuera.

Il est à noter que c'est dans l'esprit de la personne que vous tentez de persuader que votre présentation doit paraître logique. Rappelez-vous que ce qui vous semble évident peut très bien ne pas l'être pour votre interlocuteur. Nous oublions trop souvent que certaines personnes ont besoin de tout connaître en détail, tandis que d'autres préfèrent qu'on leur brosse un portrait général d'une situation. Vous vous devez d'adapter votre argumentation à votre cible et vous assurer, tout au long de votre présentation, que vos arguments ont été bien compris par votre vis-à-vis.

L'ingrédient manquant

Aristote a vécu il y a plus de 2 300 ans. Pourtant, sa vision du mécanisme de la persuasion lui a survécu. Notre livre, comme beaucoup d'autres, s'en inspire : chacun des chapitres que nous vous proposons vous aidera à améliorer votre utilisation de l'ethos, du pathos et du logos. Nous aimerions cependant ajouter un élément à la formule de ce philosophe : l'intention.

En ajoutant l'intention, nous signifions qu'il est préférable, avant même de débuter une tentative de persuasion, de se fixer des objectifs et de se peindre un tableau mental dans lequel ces objectifs ont déjà été atteints. Pour illustrer l'importance de l'intention, reprenons un des exemples présentés en introduction.

Lyse doit compléter une tâche pour laquelle elle ne se sent pas à la hauteur. Elle aimerait bien convaincre un collègue de lui venir en aide. Que peut-il se passer après qu'elle lui en aura parlé ?

Le collègue pourra offrir à Lyse de faire le travail à sa place, ce qui lui permettra de se consacrer aux tâches qu'elle préfère.

Il pourra confier la tâche à une personne qui l'a déjà effectuée à plusieurs reprises.

Il pourra accepter de guider Lyse afin qu'elle s'acquitte de la tâche sous sa supervision. De cette façon, elle améliorera sa compétence et sa valeur à long terme dans l'entreprise.

Il pourra refuser de discuter avec Lyse en lui faisant sentir que, si elle n'est pas compétente, il n'y a peut-être pas de place pour elle dans l'entreprise. Tandis que les trois premières possibilités permettaient à Lyse de résoudre son problème, cette quatrième éventualité la place-rait dans l'eau chaude.

 En négociation, vous avez tout intérêt à taire vos intentions si celles-ci ne correspondent pas aux intérêts de la personne que vous tentez d'influencer.

Par exemple, un acheteur peut demander un document supplémentaire à un soumissionnaire en sachant que le temps nécessaire à la préparation de ce document lui permettra de recevoir la proposition d'un autre soumissionnaire. Dans un pareil cas, la requête sert à cacher le fait qu'on attend une autre soumission.

Lyse peut également créer de toute pièce un problème que ses compé-tences lui permettent de débrouiller en se disant que son patron n'hésitera pas à lui en confier la résolution et qu'il confiera par conséquent à quelqu'un d'autre le soin de s'occuper de la tâche qu'elle ne souhaite pas effectuer.

Si Lyse ignore le but qu'elle vise avant d'amorcer sa campagne de persuasion, son attitude sera difficile à déchiffrer, ses arguments auront moins de poids et son collègue sera plus enclin à lui dire non.

Par contre, si avant d'approcher son collègue, elle prend le temps de réfléchir aux options qui s'offrent à elle, elle produira une liste probablement plus importante que celle que nous venons de dresser et elle pourra y choisir un objectif de campagne.

Elle pourra dès lors utiliser des arguments (logos) justifiant son point de vue et faire appel à des émotions (pathos) allant dans le même sens. Et parce qu'elle saura exactement ce qu'elle veut, son langage non verbal (ethos) viendra renforcer, plutôt que diluer, son message. Une intention claire, en évitant la dispersion des efforts, renforce toute tentative de persuasion.

Prenez ainsi l'habitude, avant de vous lancer, de vous demander quelles options s'offrent à vous. Vous vous rendrez d'ailleurs peut-être compte, au cours de cet exercice, que le recours à la persuasion n'est pas nécessaire. Autrement, s'il faut persuader, fermez un instant les yeux et imaginez à quoi ressembleront les choses une fois votre objectif atteint. Le simple fait de visualiser votre succès réduira votre stress et vous rendra plus convaincant.

Lyse, par exemple, a tout à gagner à contrôler son stress. Elle sera plus efficace si, au lieu de fuir la tâche qui la rebute, elle travaille à améliorer sa compétence. Une intention claire, formulée de façon positive, augmente les chances de succès.

Sachez déchiffrer les signes qui révèlent que vous vous lancez sans aucune intention arrêtée. Si vos pensées sont vagues, qu'elles sont pleines d'expressions négatives telles que « Je vais faire pour le mieux », « Il faut que je m'en sorte » ou « Tout, mais pas ça », suspendez votre jugement. Prenez plutôt le temps de définir votre intention.

Définir clairement ses intentions ne signifie pas qu'on soit dispensé, par la suite, d'avoir à s'adapter. Il arrivera que l'option que vous aurez retenue s'avérera irréalisable. Toutefois, si vous faites bien vos devoirs, vous aurez prévu une stratégie de secours. Nous aborderons la question dans la deuxième partie de cet ouvrage.

 Pour beaucoup, une concession entraîne une obligation de réciprocité. Si, dans un premier temps, vous demandez plus que ce que vous souhaitez et que votre vis-à-vis vous dit non, il se sentira ensuite obligé d'accéder à votre demande si vous formulez une requête moins importante.

En jouant savamment le jeu de la concession, vous pouvez atteindre votre objectif en faisant semblant que vous auriez aimé davantage. Mais attention ! Cette stratégie ne fonctionne pas si votre requête initiale est exagérée.

Exercice n° 2

Prenez votre signet (celui que vous avez fait lors du premier exercice) et choisissez une des occasions de persuasion que vous y avez inscrites. Répondez ensuite aux **5 questions** suivantes.

1. Pourquoi suis-je intéressé à changer la situation actuelle ?

2. Qui peut m'y aider ? Pourquoi ?

3. Quelles sont les choses que l'autre pourrait m'aider à accomplir ?

4. Parmi ces choses, quelle est l'option que je préfère ?

5. En supposant que l'autre accepte, qu'a-t-il à gagner dans l'affaire ?

Après cet exercice, vous aurez une meilleure idée des options qui s'offrent à vous.

2 > *Susciter la confiance*

Nous avons vu, au chapitre précédent, que si votre vis-à-vis ne vous fait par confiance, vos efforts de persuasion seront vains. Sans crédibilité, vous devrez vous rabattre sur la coercition ou l'aplaventrisme pour faire agir les gens. Vous devrez passer pour un bourreau ou pour une victime.

Le collègue de bureau qui vous dirait que le diagnostic de votre médecin est mauvais et qui tenterait de vous convaincre de ne pas prendre les médicaments qui vous ont été prescrits aurait probablement de la difficulté à vous persuader. Cette personne n'a aucun diplôme et vous ne souhaitez pas que votre état de santé se dégrade pour lui prouver que c'est votre médecin qui a raison. Vous l'écouterez peut-être poliment ou vous consulterez un autre médecin, mais il n'est pas question que vous suiviez ses suggestions.

Et tout en l'écoutant, vous ne cesseriez d'entendre une voix intérieure vous apostropher et nuire à votre écoute : «Je ne vois pas son diplôme. Où peut-il bien être ?», «De quoi se mêle-t-il ?», «Sait-il au moins de quoi il parle ? ». Sachez que vos interlocuteurs, quand vous tentez de les convaincre, entendent la même voix.

Dans ce chapitre, nous aurons à nouveau recours à l'un des personnages présentés en introduction. Rappelons-nous Danielle, qui aimerait convaincre un client que le réfrigérateur qu'elle lui propose constitue un meilleur achat que celui qu'offre son principal concurrent. Comment s'y prendra-t-elle pour faire passer son message ?

Quand faut-il établir sa crédibilité ?

Tant que votre interlocuteur doute de votre crédibilité, une voix intérieure lui rappelle que vous ne méritez pas son attention ou qu'il doit prendre tout ce que vous dites avec un grain de sel. Si vous attendez la fin de la rencontre pour établir votre crédibilité, votre message n'aura pas été écouté.

Vous devez donc établir votre crédibilité dès le début de la rencontre. Dès que ce sera fait, la voix intérieure de votre vis-à-vis se taira, et il sera prêt à vous écouter.

L'idée de vous mettre en valeur heurte votre humilité ? Sachez qu'établir sa crédibilité ne veut pas nécessairement dire recourir à la vantardise ou à l'esbroufe. Votre interlocuteur a besoin de savoir s'il doit vous accorder ou non son attention. Rendez-lui service en lui communiquant cette information.

Et puis, préférez-vous jouer les humbles ou faire passer votre message ? Voici quatre exemples mettant en vedette des gens qui ont, d'entrée de jeu, établi leur crédibilité.

Louis doit faire une présentation à un groupe de clients potentiels et un de ses collègues le présente. Ce dernier fait état de la formation de Louis, de son agrément professionnel, des magazines auxquels Louis collabore et des clients prestigieux qu'il a su satisfaire. Quand Louis commence sa présentation, l'auditoire est impressionné et sait qu'il vaut la peine d'être écouté.

Dès le début de la rencontre, Manon présente à son interlocuteur sa carte professionnelle. En consultant rapidement celle-ci, l'interlocuteur apprend que Manon est présidente de l'entreprise et qu'elle fait partie d'un ordre professionnel.

Raymonde est agent immobilier. Elle fait aujourd'hui visiter des maisons à un couple qui a remarqué que Raymonde possède une voiture prestigieuse et que, en conséquence, elle doit avoir réussi dans son domaine.

Trois jours avant sa rencontre avec un client potentiel, Patricia fait parvenir à celui-ci deux copies d'articles qu'elle a récemment écrits pour le magazine *Finance et Investissement*. Le client sait maintenant que Patricia est respectée dans son domaine.

Imaginez maintenant que Louis n'ait pas été présenté par son collègue, que Manon, par humilité, n'ait inscrit que son nom sur sa carte professionnelle, que Raymonde se soit contentée d'une voiture économique et que Patricia n'ait pas fait savoir qu'elle était reconnue dans son secteur d'activité. L'état d'esprit des personnes à influencer aurait-il été différent? Absolument. L'attitude des gens change dès qu'ils savent que leur vis-à-vis est crédible.

Le chercheur américain Anthony Doob a fait une petite expérience: il s'est promené en ville au volant d'une vieille voiture rouillée, conduisant à 30 km/h dans les zones de 50, à 60 dans les zones de 100, et ainsi de suite. L'expérience visait à calculer le nombre de coups de klaxon qu'il provoquerait. Inutile de dire qu'il y en a eu beaucoup.

Le lendemain, Doob a recommencé l'expérience mais, cette fois, au volant d'une prestigieuse voiture neuve. À cette occasion, il a enregistré deux fois moins de coups de klaxon. Les gens s'inclinent devant les symboles d'autorité.

C'est dès le début de la rencontre que vous devez faire savoir que vous êtes crédible et que votre vis-à-vis a tout intérêt à vous écouter. Si vous gardez votre crédibilité dans votre manche en vous disant que vous la sortirez à la première objection, vous empêchez votre interlocuteur de bien vous écouter.

Danielle, quant à elle, a installé dans sa salle de montre un trophée offert par son principal fournisseur d'appareils électroménagers. Ce trophée mentionne que son commerce est l'un des meilleurs de la province au chapitre des ventes et du service après-vente. Avant le début d'une présentation, Danielle s'assure toujours que les clients ont vu le trophée.

 Un tel trophée ne coûte qu'une vingtaine de dollars mais peut rapporter gros. Certains n'attendent pas de le remporter…

Comment faire grandir votre compétence perçue ?

La compétence, rappelons-le, est la toute première chose que tente d'évaluer votre vis-à-vis. Plusieurs moyens s'offrent à vous pour le convaincre que vous possédez cette compétence.

Si la rencontre a lieu sur votre terrain, faites en sorte que votre environnement témoigne de votre formation et de vos affiliations. Par exemple, si vous possédez un ou des diplômes, placez-les bien en vue. Faites de même avec votre certificat d'agrément professionnel ou votre appartenance à une association sectorielle ou commerciale. Dans tous les cas, une partie du prestige de ces organismes rejaillira sur vous.

 Attention à la contrefaçon! Sachez qu'il suffit de taper «diplo-ma» dans un moteur de recherche pour trouver des dizaines de sites qui, pour une somme souvent ridicule, prépareront un diplôme sur commande.

Si la rencontre n'a pas lieu sur votre terrain, vous pouvez la préparer en faisant parvenir à votre vis-à-vis des documents (portfolio, liste de clients prestigieux, présentation personnelle, coupures de presse, etc.) faisant état de vos compétences.

Le jour de la rencontre, vous devrez prévoir des éléments visuels qui augmenteront l'impression de compétence dans l'esprit de votre interlocuteur. Votre habillement devrait également refléter ses attentes. Si votre client ne vous a jamais rencontré, présentez-vous sommairement en mettant en valeur vos compétences.

Tout en établissant un bon contact visuel, serrez fermement la main de votre vis-à-vis, sans toutefois lui broyer les os. Les mains molles et les paumes moites sont autant de signes de votre nervosité, et ils sèmeront le doute dans l'esprit de votre interlocuteur.

Voici, pour clore cette section, quelques autres idées pour améliorer votre compétence perçue.

Devenez un expert reconnu en faisant savoir à votre association sec-torielle que vous pouvez donner des conférences.

Devenez un expert reconnu dans votre secteur d'activité en rédigeant des chroniques que publieront les revues ou les journaux destinés à votre marché cible.

 Dans bien des cas, il suffit de payer pour devenir un expert reconnu. Certains magazines acceptent, moyennant certains frais, de faire passer un publireportage pour une chronique plus crédible. Ne vous laissez pas berner.

Devenez membre d'associations sectorielles ou professionnelles jouissant d'une bonne réputation auprès des gens que vous souhaitez influencer.

Demandez à des personnes qui connaissent vos compétences de rédiger des témoignages en votre faveur. Si ce sont des autorités aux yeux des personnes que vous tentez d'influencer, votre crédibilité sera rapidement établie.

Trouvez des citations ou des statistiques officielles appuyant vos dires. Par exemple, pour convaincre sa fille aînée de terminer ses études, Pierre pourrait lui soumettre des tableaux statistiques montrant les écarts de revenus entre les personnes diplômées et celles qui sont sans diplôme. Il pourrait également lui présenter des statistiques sur le nombre de personnes qui reviennent vraiment aux études après leur « sabbatique ».

Réseautez et apprenez le vocabulaire à la mode ainsi que les titres des livres qu'il faut avoir lus pour paraître à jour dans un secteur d'activité.

Prenez l'habitude d'envoyer des communiqués de presse aux médias quand vous réussissez un beau coup. Seuls quelques-uns seront publiés, mais il suffit d'en avoir un à proposer pour faire la preuve qu'on mérite d'être écouté.

Comment faire la preuve que vous êtes digne de confiance ?

Le fait que vous soyez digne de confiance représente le deuxième élément que tente d'évaluer votre vis-à-vis avant de décider de vous écouter.

Plusieurs moyens s'offrent à vous pour faire la preuve de votre intégrité. Si l'activité de persuasion a lieu sur votre terrain, vous pouvez placer bien en vue un babillard présentant des lettres de clients satisfaits. Votre interlocuteur ne manquera pas de les remarquer et sera favorablement influencé.

Au contraire, si vous arrivez en retard ou mal préparé à un rendez-vous, vous risquez de suggérer qu'on ne peut pas vous faire confiance. Sur ce point, vos gestes comptent plus que vos paroles.

Voici quelques suggestions pour vous aider à fixer, dans l'esprit de la personne que vous cherchez à influencer, l'impression que vous êtes digne de confiance.

> ➢ Demandez à une personne en qui votre interlocuteur a confiance de vous présenter et d'avoir un bon mot pour vous.

> ➢ Évitez de fréquenter des personnes considérées comme peu fiables. Leur réputation déteindrait sur la vôtre. Eh oui, votre mère avait raison !

> ➢ Tenez parole. Si vous avez promis d'expédier de la documentation à un client potentiel avant de le rencontrer, faites-le. Autrement, le client se rappellera, dès le début de votre rencontre, qu'il faut se méfier de vous.

➤ N'en mettez pas trop. S'il est évident que vous exagérez, votre crédibilité en prendra un coup. En fait, vous serez davantage digne de confiance si vous exposez d'entrée de jeu les désavantages de votre proposition.

➤ Misez sur l'entreprise. Si l'entreprise pour laquelle vous travaillez est en affaires depuis 30 ans, n'oubliez pas de le dire. Cela fera la preuve qu'il ne s'agit pas d'une organisation qui risque de disparaître demain matin.

D'autres astuces pour paraître plus crédible

Si nous parlons de ces trucs ici, c'est qu'ils touchent à la fois à la question de la crédibilité et à celle de la confiance. Ils vous aideront à asseoir votre crédibilité.

Maîtrisez vos outils de travail. Si vous ne savez pas utiliser votre terminal, si vous devez constamment avouer votre ignorance quand un client vous pose des questions, si le simple fait de mettre un appel en attente vous plonge dans la plus grande perplexité et si votre liste de prix vous semble illisible, vous risquez de suggérer à votre interlocuteur que vous n'êtes ni compétent ni digne de confiance.

Dans le doute, avouez. Pendant que vous tentez de persuader un interlocuteur, vous devez constamment faire la part entre votre désir de paraître compétent et le risque de dire une bêtise. Il ne fait évidemment aucun doute qu'on ne peut feindre bien longtemps la compétence et que la meilleure solution demeure l'apprentissage. Si un client vous pose une question dont vous ignorez la réponse, retenez qu'il n'est pas honteux d'avouer son ignorance et de s'engager à trouver la réponse dans les plus brefs délais. Mieux vaut avouer son ignorance que d'être pris à dire n'importe quoi. Dans le deuxième cas, la perte de crédibilité peut être irrémédiable.

Utilisez des chiffres précis. La précision éveille chez autrui le senti-ment que vous savez de quoi vous parlez. Ainsi, « Nos clients sont largement satisfaits » est une affirmation moins convaincante que « Selon notre dernier sondage, 87,3 % de nos clients sont très satis-faits ». De même, « Ce réfrigérateur consomme peu d'énergie » est moins convaincant que « Selon les tests, ce réfrigérateur consomme 23 % moins d'énergie que le modèle que nous venons de regarder ».

Si vous n'avez rien à gagner, faites-le savoir. Tant qu'une voix intérieure (encore une autre !) lui dit que votre tentative de persua-sion n'a pour seul but que le profit, votre vis-à-vis sera réfractaire à vos propos. Si vous n'avez rien à gagner (vous n'êtes pas à commis-sion, vous n'avez rien à vendre, vous ne faites cela que pour rendre service, etc.), mentionnez-le. Votre crédibilité augmentera d'un coup.

Utilisez des documents écrits. La majorité des gens sont visuels ; ils croient davantage ce qu'ils voient que ce qu'ils entendent. Ainsi, si vous leur dites que votre service vaut 800 $, ils se diront que ce n'est là qu'un prix de départ. Mais si vous leur présentez ce prix sur un document officiel, ils auront moins envie de le contester. Chaque fois que vous le pouvez, employez l'écrit pour faire passer votre message.

C'est d'ailleurs ce qu'a fait Danielle : elle a ouvert à la bonne page une revue publiée par un organisme dédié à la défense des consomma-teurs et a montré à ses clients que cet organisme disait que son réfrigérateur représentait le meilleur achat sur le marché. La vente était conclue.

L'importance de la constance

La crédibilité est en quelque sorte un capital, et celui-ci vous sert dans tous les aspects de votre vie. Il est bon de sentir que les gens sont intéressés par nos propos et qu'ils y croient. Cela facilite les interac-tions quotidiennes et diminue les efforts que l'on doit consacrer aux activités de persuasion.

C'est un capital à intérêt composé. Une fois que vous avez fait vos preuves, si vous continuez à être crédible, votre crédibilité grandit d'une interaction à l'autre. Il est plus facile de convaincre une personne une cinquième fois que de la convaincre une première fois.

Cependant, deux types de comportements peuvent entacher votre crédibilité. En voici deux exemples.

Les gens qui entourent Johanne sont perplexes. Le mois dernier, elle était pour l'avortement, il y a deux semaines, elle était résolument contre, et aujourd'hui elle est de nouveau pour. Comment peut-on se fier à Johanne ? Elle change d'opinion toutes les semaines...

Michel ne cesse d'exhorter les employés à traiter les clients comme des rois, mais quand il se retrouve lui-même en contact avec un client, il le brusque et s'énerve si celui-ci ne se décide pas rapidement. Les employés aimeraient bien savoir ce que veut Michel. Doivent-ils être avenants ou brusques avec les clients ?

Tandis que la constance entretient votre crédibilité, des changements soudains, en gestes comme en paroles, peuvent l'affaiblir. Évitez de jouer les girouettes en changeant régulièrement d'opinion et ne donnez pas l'impression que vos valeurs sont fluctuantes en présence d'un nouvel interlocuteur.

Les gens aiment vivre dans un environnement stable. Si vous modifiez constamment les règles du jeu, on ne voudra plus jouer avec vous. Chaque fois qu'on percevra chez vous un profond changement de valeurs, on se demandera si on vous connaît vraiment et si vous méritez le crédit qu'on vous accorde. Ne donnez pas à autrui l'occasion de se poser de telles questions. Faites plutôt grandir le capital que représente votre crédibilité.

Réparer une crédibilité entachée

L'erreur est humaine. Il arrive que nous ne soyons pas en mesure d'honorer nos engagements. Nous avions promis d'être présent à une rencontre et nous n'y sommes pas allé. Nous devions terminer un travail avant samedi et nous ne l'avons pas fait. Nous devions garder un secret mais nous en avons été incapable.

Dans tous ces cas, notre crédibilité se trouve entachée. Au cours de la prochaine rencontre avec la personne que nous avons lésée, la suspicion sera grande et nous réaliserons que la crédibilité que nous avons mis des années à bâtir a soudainement fondu. Que faire dans de telles situations ?

Il peut être tentant de garder le silence. Après tout, le temps arrange bien les choses. Si vous respectez dorénavant le moindre de vos engagements, votre bévue finira bien par s'effacer des mémoires, non ?

Le problème, avec une crédibilité entachée, c'est que les taches ne disparaissent pas si facilement. Si vous ne dites rien, elles reviendront vous hanter. Pour limiter les dégâts, vous devez faire face le plus rapidement possible. Ici encore, la sagesse populaire a raison : faute avouée est à moitié pardonnée. Voici à ce sujet une **démarche en 4 étapes** inspirée des conclusions de David J. Lieberman, présentées dans *Never Be Lied Again*.

1. *Êtes-vous coupable ?* Dans un premier temps, demandez-vous pourquoi vous n'êtes pas allé à la rencontre, pourquoi le travail n'a pas été effectué avant samedi et pourquoi vous n'avez pas gardé pour vous ce fameux secret. Est-ce de votre faute ou est-ce plutôt un événement hors de votre contrôle qui a tout fait dérailler ?

   Les gens pardonnent plus volontiers quand il est évident que la personne fautive n'a pas été l'artisan de son malheur. Ainsi, si vous ne vous êtes pas présenté à la rencontre parce que vous avez été coincé dans un bouchon de circulation causé par un carambolage, le seul fait de raconter l'accident suffira à rétablir votre crédibilité.

Pour que cela fonctionne, il faut cependant que l'incident ne soit pas attribuable à votre négligence. Si, par exemple, vous n'avez pas pu livrer le travail avant samedi parce que votre ordinateur est tombé en panne vendredi en fin d'après-midi, mais que votre interlocuteur apprend qu'il faisait régulièrement défaut depuis trois semaines et que vous avez négligé de le faire réparer, votre dossier restera tout de même entaché.

Si des circonstances indépendantes de votre volonté ont provoqué la bévue et que vous n'êtes en rien responsable de l'incident, expliquez seulement ce qui s'est passé. Dans la plupart des cas, votre crédibilité sera rétablie.

2. *Avouez.* Si vous êtes réellement en faute, avouez tout. Dites que vous êtes responsable et que vous ne pouvez prétexter aucune excuse.

Par exemple : « Je l'avoue. Je savais que tu m'avais demandé de n'en parler à personne, mais ça a été plus fort que moi. »

Vous pouvez ajouter que vous êtes désolé, mais ne le faites que si vous l'êtes vraiment. Si vous ne l'êtes pas, vous devriez réévaluer votre relation avec la personne lésée et vous demander si vous y tenez.

3. *Annoncez que vous assumerez les conséquences de vos gestes.* La personne à qui vous vous adressez pense que vous avez abusé d'elle. En avouant votre faute, son sentiment d'avoir été bafouée s'estompera, mais ce ne sera cependant pas suffisant pour qu'elle passe l'éponge.

Chez les loups, quand survient un conflit pour savoir qui possédera telle femelle, les mâles simulent un combat. Dès qu'un loup comprend qu'il serait vaincu s'il se battait, il se couche sur le dos et présente son cou en signe de soumission. Le mâle dominant approche alors ses crocs du cou qui lui est offert et grogne bruyamment. L'animosité disparaît alors immédiatement entre les deux animaux, chacun sachant qui mérite la femelle.

Le fait de vous avouer vaincu et de vous soumettre au gagnant fera disparaître l'animosité ambiante. L'honneur de celui-ci sera sauf et le vôtre aussi.

Demandez à la personne que vous avez heurtée de vous dire ce que vous pouvez faire pour réparer votre erreur. Annoncez que vous être prêt à tout pour retrouver sa confiance : « Je sais que je n'ai pas été correct et que j'ai trahi ta confiance. Dis-moi ce que je dois faire pour la retrouver et je le ferai. »

Votre vis-à-vis exigera alors de vous quelque chose ou vous dira que tout est correct, qu'il passe l'éponge. Dans le premier cas, engagez-vous officiellement à réparer votre bévue ; dans le deuxième, remerciez et passez à l'étape suivante. Dans les deux cas, vous avez déjà rétabli, à ce stade, une partie de votre crédibilité.

4. *Orientez la discussion sur l'avenir.* Terminez en expliquant ce que vous entendez faire pour que cette situation ne se reproduise pas. Mettez l'accent sur le futur et rappelez à votre vis-à-vis que vous tenez à entretenir de bonnes relations avec lui.

Au terme de ces quatre étapes, votre crédibilité sera meilleure que si vous aviez gardé le silence en espérant on ne sait quelle intervention du ciel. L'autre sait maintenant que vous tenez à conserver de bonnes relations avec lui et son ego va mieux. Il vous reste à vous montrer à la hauteur de vos engagements.

Exercice n° 3

Choisissez une des situations que vous avez notées sur votre signet et répondez aux **3 questions** suivantes.

1. *Comment cette personne perçoit-elle vos compétences ?*

2. *Cette personne vous perçoit-elle comme étant digne de confiance ?*

3. *Que pourriez-vous faire pour améliorer votre crédibilité aux yeux de cette personne ?*

3 〉 *Tisser des liens*

Songez à la dernière fois qu'un ami vous a demandé de lui rendre un service. Il est probable que vous avez répondu oui sans hésitation ou, si vous avez répondu non, vous l'avez fait doucement, sans le brusquer, en insistant sur le fait que vous n'aviez pas le choix.

Imaginez maintenant que vous êtes chez vous un mardi soir, que vous écoutez la télévision et que, tout à coup, le téléphone sonne. Vous répondez et entendez une voix inconnue vous saluer avant de vous demander un service. Aurez-vous de la difficulté à dire non à cette personne ? Il est probable que non. Les êtres humains sont portés à dire oui aux gens qu'ils apprécient et n'ont aucune difficulté à dire non aux inconnus ou aux personnes qui les énervent.

Le plus curieux, c'est que l'appréciation que vous avez pour une personne peut être communiquée à une autre. Si l'inconnu qui vous a appelé en ce mardi soir vous avait dit qu'il appelait de la part d'un de vos amis (« C'est Marc qui m'a demandé de vous appeler »), vous

41

l'auriez écouté et vous auriez été plus enclin à répondre positivement à sa requête.

C'est la raison pour laquelle tant de vendeurs vous demandent des références avant de prendre congé. En contactant vos amis et en leur disant votre nom, ils réduisent la possibilité de se faire dire non.

Dans le même ordre d'idée, si vous pouvez faire annoncer votre visite par un ami de votre cible, vos chances d'obtenir un rendez-vous seront meilleures.

Ce chapitre vous propose certains moyens pour être apprécié de la personne que vous tentez de convaincre. Si elle vous apprécie, elle sera plus encline à vous dire oui. Nous compléterons notre exposé en deuxième partie, quand nous traiterons des moyens permettant d'établir un climat de travail sain avant d'entreprendre une négociation.

Nous avons vu, dans le chapitre 1, qu'une bonne campagne de persuasion s'adresse également aux sentiments de la personne visée. C'est ce que, en rhétorique, on appelle le pathos. Nous avons également vu que l'utilisation du pathos poursuit **2 buts distincts**, qui sont autant de défis :

1. *Se faire apprécier de notre interlocuteur pour augmenter chez lui l'envie de nous dire oui.*

2. *Intégrer à notre discours des éléments qui s'adressent au côté émotif de notre interlocuteur.*

4 moyens pour susciter la sympathie

Nous allons maintenant traiter de ces défis. Commençons par les moyens dont vous disposez pour vous faire apprécier. Il en existe quatre.

Se trouver des points communs

Les êtes humains ont tendance à apprécier davantage les personnes qui leur ressemblent. Il est souvent plus difficile de faire confiance à une personne qui ne partage aucun point commun avec nous. Pourtant, la sagesse populaire veut que les contraires s'attirent !

Des études ont été consacrées à ce phénomène. Dans l'une d'elles, dirigée par Peter Suedfeld, alors professeur au département de psychologie de l'Université d'État du New Jersey, une personne devait se rendre au centre-ville et faire signer une pétition. La première journée, elle était habillée de la même façon que la majorité des gens travaillant au centre-ville. Cette journée-là, la récolte de signatures a été facile : les passants signaient, souvent sans même lire le libellé de la pétition. Ils étaient certains qu'une personne qui leur ressemblait partageait leurs opinions.

Le lendemain, la personne chargée de recueillir les signatures était vêtue différemment des gens du centre-ville. Ce jour-là, la récolte a été bien moins facile. La majorité des passants prétextaient qu'ils ne signaient jamais de pétition, et les rares personnes qui acceptaient s'assuraient de bien lire le libellé avant d'apposer leur signature. Pourquoi, en effet, faire confiance à quelqu'un qui ne nous ressemble pas ?

Une compagnie d'assurances a pour sa part noté que ses agents concluaient davantage de ventes lorsqu'ils avaient la même origine sociale, la même religion ou les mêmes habitudes (notamment tabagiques) que les personnes qu'ils rencontraient.

Vous pouvez améliorer l'appréciation que les gens ont de vous en vous trouvant des points communs avec eux, et ce, quelle que soit votre origine. Voyons comment.

L'habillement. L'expérience de Suedfeld illustre bien que nous sommes aisément persuadés que les personnes vêtues comme nous partagent nos opinions. Il est bien entendu que ce n'est pas nécessairement vrai, mais c'est là un des automatismes qui caractérisent la vie en société.

Les valeurs. Vous rendre soudainement compte qu'une personne que vous aimez bien ne partage pas vos valeurs pour ce qui touche la race, le sexe ou la politique peut suffire pour provoquer une rupture. Assurez-vous de ne heurter personne et rayez de votre répertoire les gags racistes, sexistes ou politiques.

Les passe-temps. Lisez-vous les mêmes auteurs ? Aimez-vous les mêmes films ? Quels sont vos sports favoris ? Vos goûts culinaires ? Chaque fois que vous vous découvrez un passe-temps commun avec votre interlocuteur, la récompense est double : il vous aime davantage et votre appréciation à son égard grimpe également d'un cran.

L'élocution. Certaines personnes parlent lentement, sans trop de gestes et en faisant des pauses tout au long de leur discours. D'autres parlent vite, font de grands gestes et réfléchissent en parlant. Si vous adoptez le deuxième comportement avec une personne qui affiche le premier, cette dernière se sentira agressée et songera davantage à fuir qu'à écouter. Rappelez-vous que vous avez tout à gagner à avoir le même type d'élocution que votre vis-à-vis.

Le vocabulaire. Votre interlocuteur est-il néophyte ou expert ? Vous devriez choisir votre vocabulaire en fonction de sa maîtrise du sujet à l'ordre du jour. Si vous ne le faites pas, il aura soit l'impression que vous le prenez pour un ignare, soit le sentiment que vous tentez de l'assommer sous un amas de termes ésotériques. Si vous utilisez son vocabulaire, il vous trouvera bien plus sympathique.

La personnalité. Les êtres humains diffèrent parfois beaucoup sur le plan de la personnalité. Mais c'est là un autre des domaines où vous pouvez faire la preuve que vous ressemblez à votre vis-à-vis. Nous traiterons de cette question au prochain chapitre.

Le passé. Si vous avez fréquenté la même école secondaire ou que vous avez fait vos études à la même université que votre interlocuteur, vous tenez là un autre point commun important. Vous pourrez par exemple briser la glace en lui parlant de vos anciens professeurs.

Chaque fois que la chose est possible, vous devriez insister auprès de votre cible sur le fait que vous avez des points en commun. Vous pouvez le faire de plusieurs manières.

Par vos comportements non verbaux. Le choix de vos vêtements, le vocabulaire que vous utilisez et les comportements que vous adoptez n'exigent pas d'être annoncés pour que votre vis-à-vis les remarque. En fait, vous risqueriez d'éveiller ses soupçons en lui faisant remarquer, par exemple, que vous vous habillez au même endroit.

Par des questions. Si vous êtes encore dans le doute au sujet des points communs que vous partagez avec votre interlocuteur, posez des questions: «Tiens, vous lisez Victor Hugo? Est-ce que vous l'aimez?» S'il répond par l'affirmative, vous pourrez lui annoncer que c'est également votre cas. S'il vous dit que c'est sa fille qui a oublié le livre dans son bureau, vous avez la possibilité de ne rien dire.

Par des énoncés. Si vous êtes persuadé que votre client aime bien manger cantonnais, invitez-le dans un restaurant cantonnais. Vous aurez là un excellent moyen d'amorcer une conversation, et il sera plus détendu en se retrouvant dans une ambiance qu'il aime.

Répétons-le : les êtres humains préfèrent les personnes avec qui ils ont des points communs. Ce sont à ces personnes qu'ils feront d'abord confiance. Mais cela signifie-t-il que la sagesse populaire a tort en affirmant que les contraires s'attirent ?

Il n'y a pas forcément contradiction. Les gens qui deviennent amoureux sont d'abord attirés par les points qu'ils ont en commun. Par la suite, ils se rendent compte qu'ils ont également des différences. Les couples qui durent traiteront ces différences comme autant de complémentarités. Dans les couples qui échouent, on trouve souvent un conjoint qui tente de transformer l'autre afin qu'il lui ressemble.

Le même phénomène existe en affaires. Des études ont démontré qu'il est tentant de s'entourer de personnes qui nous ressemblent, mais qu'en faisant le contraire, on augmente les chances de survie de l'entreprise, parce qu'on évite ainsi les dangers de la pensée de groupe en favorisant le brassage des idées et la constante remise en question.

Savoir complimenter

Souvent, lorsqu'une personne nous fait un compliment, nous nous extasions devant la sûreté de son jugement. Un compliment, mérité ou non, augmente l'appréciation que nous avons de celui qui nous le fait.

Dans son livre *Influence,* Robert Cialdini rapporte que, dans une expérience menée en Caroline du Nord en 1978, des hommes ont reçu des commentaires avant de se voir demander une faveur. Un tiers des sujets ne recevait que des commentaires positifs, un autre tiers ne recevait que des commentaires négatifs, et le dernier tiers recevait à la fois des commentaires positifs et des commentaires négatifs. Il va sans dire que ces hommes ont préféré les personnes qui n'avaient que des commentaires positifs à leur faire et qu'ils étaient bien plus disposés à aider ces personnes que celles qui n'avaient eu que des commentaires négatifs à leur égard.

 Certaines personnes sont tellement sensibles aux compliments qu'elles diront instantanément oui si on les flatte adroitement. Dans la vie, elles sont principalement motivées par la glorification de leur ego.

Rappelez-vous *Le corbeau et le renard* de Jean de La Fontaine :

«Apprenez que tout flatteur vit aux dépens de celui qui l'écoute. Cette leçon vaut bien un fromage, sans doute. »

Ce phénomène s'explique par le fait qu'un compliment augmente notre estime personnelle et notre bien-être, et aussi par le fait que nous aimons les gens auprès de qui nous nous sentons bien. Il est donc facile de prendre quelqu'un qui nous fait un compliment pour quelqu'un qu'on aime bien.

Remarquez que le compliment peut également être une arme dangereuse. Mal utilisé, il s'apparente à la basse flatterie. Dans ce cas, il donne de vous l'image d'un manipulateur et diminue l'estime personnelle de la cible. Un compliment perçu comme étant de la pure manipulation peut anéantir votre crédibilité en une seconde. Un bon compliment, par contre, présente **3 avantages**.

1. *La personne complimentée vous appréciera davantage* et aura davantage envie de dire oui à votre requête. Elle répondra mieux à vos efforts de persuasion.

2. *Rechercher activement à faire des compliments à une personne* fera grimper l'appréciation que vous avez de cette personne. Il vous sera

alors plus facile d'entrer en contact avec elle et de viser un objectif faisant deux gagnants.

3. *Les compliments ont souvent un effet boomerang.* Si vous vous efforcez de trouver ce que les autres ont de bien, ceux-ci feront de même avec vous.

Voici **3 conseils** destinés à vous aider à mieux complimenter. Efforcez-vous de commencer à les suivre dès aujourd'hui.

1. *Soyez précis.* Plus un compliment est précis, moins il passe pour une simple politesse. En voici deux exemples. Choisissez la réponse qui, selon vous, aura le plus d'effet sur la personne complimentée.

Lucie est décoratrice. Elle vient tout juste de terminer la décoration d'une section du commerce où elle travaille. Danielle, sa patronne, traverse cette section de l'aire de vente et Lucie lui demande ce qu'elle en pense.

    a) Danielle répond : « C'est beau. »

    b) Danielle répond : « C'est beau. J'aime bien les couleurs que vous avez choisies. Je trouve qu'elles mettent en valeur le tissu du mobilier. »

Olivier revient de l'école et s'empresse de dire à son père qu'il a reçu son bulletin. Le père consulte le document pendant qu'Olivier attend fébrilement un commentaire.

    a) Le père dit : « Très bon travail », puis remet le bulletin à son fils.

    b) Le père dit : « Très bon travail. Je vois que tes notes ont vraiment grimpé en français. Je suis persuadé que tu as étudié davantage depuis ton dernier bulletin. »

Dans les deux cas, c'est la réponse b) qui procure la plus grande satisfaction à la personne qui reçoit le compliment. Un compliment vague sera davantage perçu comme n'étant qu'une simple politesse.

Prenez l'habitude, avant de formuler un compliment, de vous demander pourquoi vous complimentez. Formulez le compliment, puis donnez-en la raison. Vous transformerez ainsi un compliment vague et peu efficace en un véritable compliment.

2. *Étonnez-vous!* Une bonne façon de complimenter consiste à vous étonner des réalisations de vos vis-à-vis. Par exemple, vous visitez les installations d'un client et vous vous émerveillez devant la technologie nécessaire à l'accomplissement de son travail. Mais plutôt que de lancer des compliments, vous posez des questions pour en apprendre davantage et vous vous faites expliquer comment votre client arrive à faire telle ou telle chose. L'intérêt que vous portez à une personne est en soi un beau compliment. Les gens en viennent à prendre leur environnement de travail pour acquis et finissent par oublier le côté étonnant de leur activité. Le fait de le leur rappeler augmente l'appréciation qu'ils ont pour vous.

3. *Ne vous limitez pas à ce qui est évident.* Vous apprenez, en lisant le journal, qu'un de vos clients a reçu un trophée lors de la dernière cérémonie annuelle de la chambre de commerce. Vous avez envie de l'appeler pour l'en féliciter.

Si vous vous limitez à cela, vous ne vous distinguerez pas des personnes qui feront la même chose. Prenez le temps, avant d'appeler, de répondre à quelques questions. Pourquoi a-t-il reçu ce prix? Sur quoi se sont basés les juges pour rendre leur jugement? Qu'est-ce qui distingue votre client des gens d'affaires qui étaient en nomination dans la même catégorie? En d'autres termes: pourquoi lui et pas eux?

Vous pouvez maintenant appeler votre client et, au lieu de le féliciter pour son trophée, le féliciter pour son audace et son esprit d'entreprise, deux qualités qui lui ont valu l'honneur qu'il a reçu. De la sorte, vous vous distinguerez en faisant la preuve que vous savez voir derrière les artifices. Votre crédibilité en sortira grandie.

Féliciter une personne pour un accomplissement est bien ; la féliciter pour ce qui fait qu'elle a été capable de relever un défi est mieux. Apprenez à voir plus loin. Ceux que vous complimenterez ainsi se rappelleront de vous.

Adopter une attitude de partenaire

Les gens apprécient davantage ceux qui se présentent à eux en partenaires plutôt qu'en adversaires. Ils préfèrent travailler à la réalisation d'un objectif commun en ayant la certitude que l'autre n'abusera pas d'eux et qu'ils n'ont pas à se méfier. Ils souhaitent faire des affaires avec des personnes qui font partie de leur équipe et non d'une équipe adverse.

 Certains vendeurs créent ce sentiment artificiellement. Par exemple, ils vont soumettre des factures gonflées à leur client et, quand ce dernier va s'objecter, ils vont offrir d'aller voir leur patron pour négocier une baisse de prix.

Cela a pour effet de donner l'impression que le vendeur travaille pour le client et non pour l'entreprise. Soyez vigilant.

Quatre outils peuvent vous aider à faire la preuve, auprès de votre interlocuteur, que vous êtes un partenaire et non un adversaire.

1. L'organisation des lieux. Si vous pouvez vous asseoir à côté de la personne que vous tentez d'influencer plutôt que face à elle, derrière une table ou un bureau, vous augmentez chez elle l'impression que vous êtes dans la même équipe.

2. Une orientation vers le futur. Il ne sert à rien, si vous souhaitez par exemple provoquer un changement de comportement chez une personne, de ressasser ce qu'elle a fait de mal dans le passé. Vous aurez plus de succès si vous vous concentrez sur le bénéfice qu'elle retirera en changeant de comportement. Personne n'aime être blâmé.

3. La recherche d'un objectif commun. Le sentiment de faire partie de la même équipe sera plus grand si vous pouvez vous trouver un objectif commun et que celui-ci repose sur un point que vous avez en commun. Dans ce cas, vous ferez la preuve que vos intérêts convergent et que, finalement, vous avez tout à gagner à aider votre interlocuteur à réaliser ses projets.

Par exemple, Manon doit s'adresser à un groupe d'acheteurs potentiels. Si elle fait bonne figure, elle gagnera une dizaine de clients d'un coup. Elle pourrait commencer sa présentation ainsi : « Avant de commencer, laissez-moi vous rappeler le but de notre rencontre. Si nous sommes réunis aujourd'hui, c'est pour améliorer, de façon durable, la rentabilité de vos entreprises. Êtes-vous d'accord ? » Si son auditoire répond par l'affirmative, Manon se trouve définie comme une partenaire ainsi qu'elle le recherchait.

4. Une bonne écoute. Dans l'esprit de beaucoup de gens, les adversaires parlent plus qu'ils n'écoutent. Ils ne songent qu'à faire passer leurs arguments et si, à l'occasion, ils laissent parler, c'est parce qu'ils sont à la recherche du prochain argument qu'ils utiliseront.

La personne qui sait écouter fait la preuve qu'elle est intéressée par ce que l'autre a à dire. Une bonne écoute est à ce point importante que nous lui consacrerons une partie du chapitre 6.

Muni de ces quatre outils, vous serez en mesure de vous définir comme un partenaire et, du coup, de faire grandir l'appréciation qu'a de vous votre vis-à-vis.

Profiter du principe d'association

Ce moyen de vous faire apprécier de votre cible est tellement simple qu'il ne devrait même pas être mentionné. Pourtant, chaque jour, des milliers de personnes l'oublient.

Ce principe peut être défini comme suit : les gens aiment davantage les personnes qu'ils peuvent associer à des pensées positives que celles qu'ils associent à des pensées négatives.

C'est donc dire que, chaque fois que vous donnez l'occasion à votre vis-à-vis de vous associer à des idées positives, vous augmentez l'appréciation qu'il entretient à votre égard. Vous en doutez ? Voici deux exemples qui illustrent ce principe.

Sylvie adore ses enfants. Quand ceux-ci se comportent bien, elle aime dire à son conjoint : « Ils sont adorables, nos enfants... » Mais si l'un d'eux la fait sortir de ses gonds, elle dira à son mari : « Sais-tu ce que ton fils a fait ? »

Jonathan est partisan des Canadiens. Si l'équipe gagne, il déclare : « Nous avons gagné. » Si elle perd, il dit : « Ils ont perdu. »

Vous vous reconnaissez dans ces deux exemples ? Nous n'aimons pas les personnes porteuses de mauvaises nouvelles. C'est pourquoi vous pouvez vous distinguer (vous faire aimer davantage) en vous associant à des nouvelles positives. Voici **5 trucs** pour y arriver.

1. *Votre posture.* Avez-vous l'air d'un gagnant ou d'un chien battu ? Les gens préfèrent ceux qui se présentent en se tenant droit, et qui ont le sourire aux lèvres et un bon contact visuel.

   Vous ne serez guère engageant si vous vous présentez courbé, si vous êtes grimaçant et avez le regard fuyant. Apprenez à avoir l'air confiant. Non seulement les autres vous préféreront-ils, mais cette attitude aura un effet positif sur votre moral.

2. *Les premiers mots.* Amorcez-vous une rencontre en évoquant ce qui va mal dans le monde ? Si tel est le cas, apprenez à parler des bonnes nouvelles. Soyez porteur de récits qui font plaisir. Les gens vous rechercheront.

3. *La manière dont vous présentez les mauvaises nouvelles.* Il arrivera, cependant, que vous ayez de mauvaises nouvelles à annoncer. Dans ce cas, assurez-vous de les présenter sous l'angle le plus favorable en vous en distanciant personnellement.

4. *Les personnes de votre entourage.* Si vous vous entourez de personnes qui inspirent la méfiance et la peur aux gens que vous tentez de persuader, vous aurez de la difficulté à atteindre vos objectifs. Il est en effet difficile pour quelqu'un de vous écouter s'il se méfie ou a peur. Pour cette raison, entourez-vous de personnes positives et réduisez les contacts avec celles qui peuvent nuire à l'opinion qu'on se fait de vous.

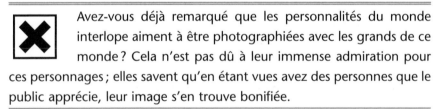

Avez-vous déjà remarqué que les personnalités du monde interlope aiment à être photographiées avec les grands de ce monde ? Cela n'est pas dû à leur immense admiration pour ces personnages ; elles savent qu'en étant vues avez des personnes que le public apprécie, leur image s'en trouve bonifiée.

5. *Les mandats que vous acceptez.* Les comédiens qui acceptent principalement de jouer des méchants ne tardent pas à être associés à ces personnages et se voient rapidement refuser des rôles plus sympathiques. Jean-Pierre Masson, qui jouait Séraphin dans le téléroman *Les belles histoires des pays d'en haut*, s'est maintes fois fait insulter dans les transports en commun. On en voulait à son personnage !

Il en va de même pour ceux qui doivent régulièrement rapporter de mauvaises nouvelles. Le journal *La Presse* du 15 juillet 2000 (paru au cours d'un été qui fut particulièrement pluvieux et frais) nous apprenait ainsi que «les présentateurs de météo [...] subissent les foudres des téléspectateurs mécontents de leurs prévisions.» L'article rapportait le cas d'une présentatrice de la télévision de Radio-Canada qui avait reçu un courriel furieux parce qu'elle avait annoncé de la pluie alors qu'il a fait beau. L'homme en colère, après avoir pris connaissance des prévisions pour le lendemain, avait annulé inutilement sa partie de golf.

Par conséquent, choisissez soigneusement vos mandats. Si une mauvaise nouvelle doit être annoncée et qu'il vous est possible d'éviter cette tâche, évitez-la. À l'inverse, insistez pour être porteur de bonnes nouvelles chaque fois que cela est possible. Vous remarquerez vite que les gens seront heureux de vous voir.

Ceci met fin à la première utilisation de l'ethos dans une campagne de persuasion. Si vous vous trouvez des points communs, si vous complimentez adroitement, si vous agissez comme un partenaire et si vous gérez votre image pour l'associer à des pensées positives, vous ne tarderez pas à voir grandir l'appréciation que les gens ont à votre égard.

Quand l'émotion prend le dessus

Dans les années 70, une émission de télévision a fait fureur en Amérique du Nord. Cette émission mettait en vedette un médecin, le Dr Welby, interprété par un acteur nommé Robert Young.

Le Dr Welby était un bon docteur. Chaque semaine, il sauvait au moins une vie. Si un patient était anxieux la veille d'une opération, il restait avec lui et attendait qu'il s'endorme, puis partait réconforter la famille en pleurs. Si un patient l'appelait chez lui tard le soir, il lui répondait : «Ne bougez pas, j'arrive.»

Des millions d'Américains regardaient l'émission et rêvaient d'avoir le Dr Welby comme médecin.

De son côté, le distributeur de café Sanka souhaitait vendre plus de café. Il embaucha donc Robert Young. Ce dernier devait, dans la publicité télé, s'approcher d'une jeune femme qui se plaignait de fatigue et d'insomnie, et lui suggérer de prendre Sanka, parce que c'était bon pour elle.

Cette campagne publicitaire dura quatre années et fut diffusée en différentes versions. Elle connut un succès retentissant et fut très profitable à la société Sanka. Les gens se présentaient au supermarché, se rappelaient qu'ils devaient acheter du café, tendaient la main vers leur marque habituelle, puis se rappelaient que le Dr Welby prescrivait plutôt du Sanka.

Ils savaient que Robert Young était un acteur (ils l'avaient vu dans l'émission *Papa a raison* quelques années auparavant) et que le Dr Welby était un personnage, mais l'émotion prenait le pas sur la raison et bousculait les habitudes de consommation.

Si vous pouvez transmettre des émotions par le biais d'un discours persuasif, il arrivera peut-être que ces émotions poussent votre interlocuteur à vous dire oui sans que celui-ci prenne le temps de réfléchir à sa décision.

La puissance de la métaphore

Nous nous permettons ici d'élargir quelque peu la définition traditionnelle de la métaphore. Par métaphore, nous entendons les anecdotes, les fables, les dictons et les autres moyens que vous pouvez utiliser pour rendre votre discours plus vivant et tisser des liens émotionnels avec vos vis-à-vis. La métaphore a plusieurs effets lors d'une campagne de persuasion.

La métaphore permet de réduire la capacité critique d'un vis-à-vis. Ainsi, quand vous racontez une anecdote pour illustrer un propos, vous attirez l'attention de l'hémisphère droit (côté créatif et émotionnel) du cerveau de votre interlocuteur sur l'anecdote, tandis que le sens de votre propos pénètre l'hémisphère gauche (siège de la raison).

L'émotion modifie l'état d'esprit de votre vis-à-vis. Si votre interlocuteur est préoccupé ou distrait, une métaphore peut accrocher son attention et, en le faisant sourire, le rendre plus réceptif.

L'émotion demande moins d'effort que le raisonnement logique. Beaucoup de personnes apprécient qu'on leur présente des idées de façon imagée. Elles ne souhaitent pas se donner la peine de comprendre un raisonnement, étape par étape. La métaphore constitue pour elles un raccourci vers la compréhension.

En faisant référence à un bagage collectif, la métaphore communique entre autres le fait que vous êtes efficace. Si vous dites à un client que « le temps, c'est de l'argent », il comprendra tout de suite ce que vous voulez dire. Au contraire, si vous entreprenez de lui démontrer que les occasions filent et que le temps passé à ne rien faire ou à tergiverser aggrave les pertes attribuables à ces occasions manquées, vous risquez de l'exaspérer.

La métaphore augmente l'appréciation des gens à votre égard. Les quatre points précédents expliquent pourquoi la métaphore vous rend plus agréable aux yeux de votre vis-à-vis. De plus, l'impression que vous créez grâce à la métaphore est plus durable que celle que vous obtenez par le biais d'un raisonnement logique, lequel peut être remis en question à la première occasion.

L'utilisation de la métaphore

Les métaphores peuvent servir à créer une image persistante dans l'esprit de votre cible, à lui prouver que d'autres personnes ont vécu sa situation, à résumer l'essentiel de votre message en une phrase-choc. Voyons quelques exemples.

Son patron demande à Pierre : « Comment penses-tu que je réagirais si tu t'absentais du travail trois jours sans m'avertir ? » Après que Pierre lui ait répondu qu'il serait en droit d'être en colère, le patron continue : « Si j'additionne tous tes retards depuis le début du mois, et si je suppose que ces retards ne cesseront pas d'ici la fin de l'année financière, c'est ce que tu auras fait. Qu'en penses-tu ? »

La représentante d'un journal local tente depuis des mois de vendre de la publicité à un détaillant. Ce dernier accepte finalement de prendre une petite publicité en expliquant que si elle a de l'effet, il deviendra un annonceur régulier. La représentante fouille alors dans sa mallette et en sort un bout de bois, un clou et un marteau. Elle demande au client de donner un coup de marteau puis d'enlever le clou. Celui-ci s'exécute et retire le clou. Elle lui demande ensuite de donner 10 coups de marteau et de faire de même. Cette fois, le détaillant a beaucoup plus de mal à retirer le clou. « C'est la différence entre la diffusion d'une seule publicité et la parution d'une dizaine. Dans le deuxième cas, vous laissez une impression durable dans l'esprit de vos clients. Tenez-vous vraiment à vous limiter à un seul coup de marteau ? »

Pour tenter de convaincre son employée de lui révéler qui a pris de l'argent dans le tiroir-caisse hier soir, Michel lui dit : « Il y a une mauvaise herbe dans notre jardin. Si nous la laissons faire, elle étouffera les autres plantes et tout le jardin en souffrira. Je ne veux pas que tous souffrent à cause d'une seule personne malhonnête. J'aimerais que tu m'aides à prendre soin du jardin. »

Dans ces trois cas, une métaphore suffit à faire passer un message qui n'aurait pas reçu le même accueil s'il n'avait été présenté que logiquement. Les personnes influencées n'ont pas à retenir l'ensemble de la discussion pour que le discours ait un effet sur eux. Il leur suffit de retenir les quelques mots suivants.

« En continuant à arriver au travail en retard, je vole trois journées à mon patron. »

« Si je veux que mon message ait de l'effet sur la clientèle, il faut que je donne plusieurs coups de marteau. »

« En contribuant à nettoyer le jardin, je fais en sorte que les plantes poussent en beauté. »

La majorité des décisions se prennent sur le coup de l'émotion. La raison est utilisée par la suite pour justifier ce qui a été décidé. En utilisant le pathos, vous faites grandir la probabilité que votre vis-à-vis dise oui à votre requête.

Exercice n° 4

Choisissez une des occasions de persuasion que vous avez inscrites sur votre signet et inscrivez sur une nouvelle feuille de papier le nom de la personne à influencer. Répondez ensuite aux **5 questions** suivantes :

1. *Sur une échelle de 1 à 100, à combien estimez-vous l'appréciation que cette personne a de vous ?*

2. *Notez au moins cinq points que vous avez en commun. Croyez-vous que cette personne en soit consciente ?*

3. *Qu'appréciez-vous le plus chez cette personne ? Pourriez-vous lui faire un compliment sincère si l'occasion se présentait ?*

4. *Êtes-vous en mesure de formuler un objectif commun que vous pourriez suggérer à cet interlocuteur au cours de votre tentative de persuasion ?*

5. *Que pourriez-vous faire pour que cette personne vous associe davantage à des pensées et à des émotions positives ?*

4 ⟩ *Savoir lire son vis-à-vis*

Nous venons de voir comment intégrer l'ethos et le pathos à une campagne de persuasion. Normalement, nous devrions maintenant nous attaquer au logos, à la formulation logique des requêtes. Mais ce n'est pas encore possible.

Les êtres humains ne traitent pas tous l'information de la même façon. Vous devez apprendre à lire votre vis-à-vis avant de coder le message que vous voulez lui communiquer. Ce chapitre vise à vous donner quelques outils pour y arriver.

En 1999, nous avons écrit un livre sur la théorie des types psychologiques et sur les tempéraments humains. Cette théorie est difficile d'application dans la majeure partie des activités de persuasion : vous ne pouvez pas demander à la personne que vous souhaitez influencer de compléter un test de personnalité avant de vous lancer à l'attaque.

Vous ne pouvez pas entrer dans la tête de votre interlocuteur. Vous devrez donc vous contenter, pour lire votre vis-à-vis et préparer votre message, de certains signes et de ses comportements. C'est ici qu'entrent en jeu les styles sociaux et le langage non verbal.

Recherche-t-il le contrôle ?

Certaines personnes ont besoin de contrôler leur univers et d'imposer leur point de vue quand vient le temps de persuader. D'autres ont davantage tendance à s'adapter à ce qui se passe autour d'eux et à suggérer leur point de vue.

À l'extrême gauche du continuum, nous retrouvons l'individu ayant un faible besoin de contrôler. Cette personne présente souvent ses idées comme de simples suggestions. Elle a tendance à parler plus lentement, plus doucement et moins intensément que la moyenne des gens. Peu intéressée par la confrontation, elle hésite à prendre des risques et à exercer de la pression sur son vis-à-vis. Elle se dit que son idée va faire son chemin et elle espère qu'elle finira par être acceptée.

À l'extrême droite, nous retrouvons l'individu ayant un fort besoin de contrôler. Celui-ci présente souvent ses idées comme autant de vérités. Il a tendance à parler plus vite, plus fort et plus intensément. Ne craignant pas la confrontation, il n'hésite pas à prendre des risques et à exercer de la pression sur son vis-à-vis. Il souhaite que son idée soit acceptée dans les plus brefs délais.

Il est, à cet égard, important de prendre l'habitude de situer les gens avec qui on communique. Dans certains cas, ce sera facile : la personne s'impose avec force ou elle fait valoir doucement ses arguments en les présentant comme des possibilités.

Dans d'autres cas, c'est plus difficile. Demandez-vous alors si votre interlocuteur s'impose davantage que la moitié de la population. Si oui, il se trouve à droite du continuum. Autrement, il est à gauche.

Notez qu'il n'existe pas de bonne ou de mauvaise position. Tout individu, peu importe son besoin de contrôler, peut réussir dans la vie.

Se révèle-t-il aisément ?

Certaines personnes sont comme un livre ouvert. Vous les regardez et vous savez immédiatement ce qu'elles ressentent. D'autres, au contraire, gardent leurs sentiments pour elles, et il est plus difficile de savoir si elle sont ou non emballées, si elles apprécient ou non la rencontre.

Les personnes qui se révèlent peu font peu de gestes et ont une posture plus rigide. Elles semblent plus sérieuses, plus réservées, et leurs expressions faciales sont plus rares. Elles semblent contrôler leurs émotions, impression qui est en grande partie attribuable au fait qu'elles s'habillent de façon conservatrice et se montrent plus intéressées par les actes que par les gens.

Ces personnes gèrent bien leur temps et, quand vient le moment de vous convaincre, elles le font en recourant davantage à des statistiques qu'à des anecdotes personnelles ou à des témoignages. Pour elles, une négociation est une négociation. Le temps consacré à la prise de contact et à la création d'un climat de travail agréable leur semble presque du temps perdu.

Les gens qui se révèlent beaucoup font, quant à eux, beaucoup de gestes et ont une posture plus relâchée. Plus expressifs, que ce soit pour les gestes, les expressions faciales et les mots, ils semblent plus intéressés par les personnes que par les faits.

Ces personnes ne gèrent pas vraiment leur temps ; elles s'adaptent au gré des événements. Quand vient le temps de vous convaincre, elles ont recours à des anecdotes et à des témoignages plus qu'à des statistiques et à des tests scientifiques. Au début d'une négociation, elles consacrent volontiers du temps pour prendre contact avec leur vis-à-vis et établir un climat de travail agréable. Il n'est pas rare non plus qu'elles aient en réserve quelques bons gags pour alléger l'atmosphère.

Les gens qui se révèlent beaucoup, finalement, prennent souvent leurs décisions en fonction de l'impact que celles-ci peuvent avoir sur leur entourage, à la différence des personnes situées à l'autre bout du continuum, qui prennent leurs décisions en fonction de critères logiques.

Les personnes que vous rencontrez chaque jour se situent à un point ou l'autre de ce continuum. Il n'existe pas de position idéale, mais vous avez plus de facilité à vous entendre avec les gens qui vous ressemblent (cela vous rappelle-t-il quelque chose que nous avons vu au chapitre précédent ?). Dans certains cas extrêmes, il se peut que les personnes situées à l'opposé de vous sur le continuum vous tombent carrément sur les nerfs.

Apprendre à lire les autres

Apprendre à lire les gens à partir de leurs comportements consiste à évaluer leur besoin de contrôle et leur facilité à se révéler. Si vous le faites bien, vous serez en mesure de déterminer leur style social dominant et de prévoir leurs réactions quand ils sont calmes ou stressés. Le schéma suivant présente les quatre résultats possibles.

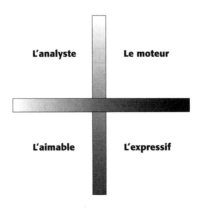

L'analyste — Le moteur
L'aimable — L'expressif

HÔTEL WYNDHAM MONTRÉAL

Condition de subsi...quête

1 - être spécifique
2 - utiliser le nom de la per
3 - polite
4 - requête pacifique

En estimant le besoin de contrôler et la capacité à se révéler des gens, nous pouvons donc les situer dans l'un ou l'autre de ces quatre quadrants. Prenons quelques instants pour décrire chacun d'eux.

L'analyste a un faible besoin de contrôler et n'est pas porté à se révéler. Robert Bolton, Ph. D. et président de Ridge Consultants, une firme new-yorkaise spécialisée dans l'amélioration de la performance humaine, le définit comme un être logique, sérieux, systématique et prudent. L'analyste s'acquitte de son travail avec précision. Bien organisé, il accumule l'information et la traite avec objectivité avant de prendre une décision. Une fois sa décision prise, il est persuadé qu'elle est la meilleure.

Le moteur a un grand besoin de contrôler mais n'est pas porté à se révéler. Bolton le définit comme un être indépendant, pragmatique et efficace. Il sait où il s'en va et veut s'y rendre le plus possible en ligne droite. Il ne tourne pas autour du pot. Il s'exprime en peu de mots et est plus préoccupé par la tâche à accomplir que par les gens qui l'entourent et qui devront éventuellement subir la décision qu'il a prise.

L'aimable a un faible besoin de contrôler et une grande facilité à se révéler. Bolton le définit comme étant diplomate, patient, loyal et enclin à supporter les autres. Empathique et sensible, il voit aisément ce qui se cache derrière le comportement des gens. Sa confiance dans les capacités des autres suffit souvent à les mobiliser, et il parvient facilement à régler les conflits.

L'expressif a à la fois un grand besoin de contrôler et une grande facilité à se révéler. Bolton le définit comme étant spontané, enthousiaste et très à l'aise quand vient le temps de rencontrer des gens. L'expressif est ennuyé par les détails. Il préfère se faire une idée globale d'une situation plutôt que de s'empêtrer dans les fleurs du tapis. C'est un être ingénieux, prêt à prendre des risques pour réaliser son rêve et capable de mobiliser les gens autour de sa vision de l'avenir.

Apprendre à lire les autres vous sera d'une grande utilité quand viendra le temps de les persuader. Nous traiterons de l'encodage de votre message dans le prochain chapitre.

Apprendre à mieux se connaître

Il est également essentiel que vous sachiez dans quel quadrant vous vous situez. Êtes-vous un analyse, un moteur, un aimable ou un expressif ? Afin de le savoir, vous devrez le demander à plusieurs personnes.

Comme les styles sociaux sont en grande partie basés sur les comportements, il vaut mieux que ce soit les personnes qui vous entourent qui vous positionnent sur la grille, votre jugement risquant d'être influencé par vos valeurs ou par l'image que vous souhaitez projeter.

Demandez à quelques personnes de lire les pages 62 à 66, puis de vous positionner sur la grille de la page 64. Procédez de même avec elles, puis échangez sur vos résultats. Vous aurez de nouveau l'occasion, au prochain chapitre, de découvrir comment ces personnes aiment à être influencées.

Le langage non verbal

Lire son vis-à-vis ne se réduit pas à deviner son style social. Beaucoup d'informations peuvent en effet être déduites à partir de son langage non verbal. Selon Alfred Mehrabian, professeur de psychologie à l'université de Los Angeles, les mots que nous utilisons pour exprimer une idée ne comptent que pour 7 % du message que reçoit notre interlocuteur.

L'essentiel d'un message passerait par la voix (38 %) et par le langage non verbal. Voyons quelques exemples de ce que le langage non verbal de votre interlocuteur peut signifier.

A-t-il hâte de vous quitter? Si ses pieds et son corps sont orientés vers la sortie, il attend la première occasion pour tirer sa révérence. Si son corps est orienté vers vous, il n'est pas encore prêt à prendre congé. S'il est visible qu'il a hâte de vous quitter, il est temps de réagir et de lui prouver qu'il a quelque chose à gagner en poursuivant la discussion.

Est-ce que vous l'ennuyez? Si vos propos le plongent dans une profonde catatonie, votre vis-à-vis s'enfoncera dans son fauteuil, croisera les bras, appuiera son visage contre sa main, baissera les épaules et prendra une expression faciale neutre. Si vous continuez à l'ennuyer, son regard restera fixé sur vous, mais vous aurez l'impression qu'il ne vous voit pas. Par contre, si vous avez toute son attention, il sera penché vers vous, ses yeux vous fixeront attentivement, ses jambes ne seront pas croisées et ses pupilles seront peut-être même dilatées.

Est-ce qu'il vous apprécie? S'il vous apprécie, il sourira, aura les bras ouverts, se penchera vers vous et hochera la tête pendant qu'il vous écoute. Son corps semblera malgré tout calme et il est possible qu'il se rapproche de vous, puis imite vos gestes. Au contraire, s'il ne vous apprécie pas, il limitera les contacts visuels, ses narines s'ouvriront légèrement, son corps sera plus rigide, sa mâchoire se serrera et il froncera les sourcils. S'il adopte soudainement cette attitude, demandez-vous ce que vous venez de faire pour réduire ainsi votre capital d'appréciation. Si vous ne trouvez pas rapidement un moyen de rétablir le contact, il ne sert à rien de poursuivre la discussion.

Si un interlocuteur vous ennuie, mais que vous souhaitez obtenir de lui des informations, adoptez consciemment la posture qui lui donnera à penser que vous l'appréciez.

Souriez, ouvrez les bras, penchez-vous vers lui. Posez-lui ensuite la question qui vous brûle les lèvres. Il vous répondra avec plaisir.

Est-il en confiance ou sur la défensive? S'il est sur la défensive, ses bras et ses jambes risquent d'être croisés. Quand vous parlez, il est enfoncé dans son fauteuil et son regard est fuyant. Il ne sourit pas et évite de hocher la tête pendant qu'il vous écoute. Par contre, s'il est en confiance, il se tient droit et arbore un sourire. Il est légèrement penché vers vous et son regard croise souvent le vôtre. Ses bras et ses jambes ne sont pas croisés.

Ces indices varient évidemment d'un individu à l'autre, et nous ne vous les présentons pas comme faisant partie d'un dictionnaire du langage non verbal. Votre attention ne doit pas se porter sur l'attitude des gens mais sur les changements qui y surviennent. Ce sont ces changements qui vous révèlent ce que pense votre interlocuteur.

Vrai ou faux ?

En négociation, comme durant une campagne de persuasion, il arrive qu'on ne dise pas toute la vérité. Parfois, on le fait en omettant des renseignements essentiels mais, le plus souvent, on le fait en mentant. Qu'il soit employé pour gagner du temps, pour cacher des intentions, pour protéger quelqu'un, pour éviter un blâme ou pour suggérer la puissance, le mensonge doit être détecté.

Heureusement, de nombreux chercheurs ont étudié les signes permettant de détecter un mensonge. Récemment, l'auteur américain David J. Lieberman en a fait une synthèse que nous résumons ici.

Selon Lieberman, **7 types d'indices** peuvent permettre de détecter un mensonge.

1. *Le langage corporel.* La personne qui ment a tendance à éviter le contact visuel pendant la communication du mensonge. De plus, l'intensité de ses gestes diminue, et elle risque de hausser les épaules pendant l'émission du message. Certaines personnes cachent également une partie de leur visage avec leur main.

2. *Les émotions visibles.* Chez la personne qui ment, l'émotion est généralement feinte. Les gestes qui accompagnent la parole ne sont pas posés en même temps que les mots sont émis, mais en retard, comme si le menteur se rappelait que, s'il vient par exemple de dire qu'il est heureux, il se doit de sourire. De plus, les émotions sont souvent véhiculées uniquement par la bouche et non par tout le corps.

3. *L'interaction.* La personne qui ment s'implique peu et affiche une moins grande conviction pendant la discussion. Elle a davantage tendance à s'effacer. Elle baisse les épaules, oriente son corps vers la sortie, évite les contacts physiques et a tendance à placer quelque chose entre elle et son vis-à-vis. Finalement, le menteur évite de pointer du doigt, un geste qui dénote la conviction.

4. *Le choix des mots.* Il arrive fréquemment que celui qui ment réponde à une question en utilisant la troisième personne. Par exemple, si Michel demande à son employée si c'est bien Guy qui a pris de l'argent dans le tiroir-caisse, elle répondra : « Pourquoi l'aurait-il fait ? C'est mal de voler. » Cette réponse dépersonnalise la question et permet de répondre sans vraiment le faire. De plus, le menteur a tendance à en rajouter si vous gardez le silence après sa réponse. Prenant votre silence pour un doute, il ajoute des éléments d'information jusqu'à ce que vous lui disiez que vous le croyez.

5. *La manière dont les mots sont prononcés.* Le menteur n'est pas toujours fier de lui et, souvent, il préfère grogner son mensonge plutôt que de le prononcer clairement. Il a aussi tendance à prendre plus de temps pour répondre quand vous lui posez directement une question. C'est normal ; il doit s'assurer que sa réponse n'est pas en contradiction avec les mensonges qu'il a dits précédemment.

6. *Le comportement.* La majorité des gens qui disent la vérité s'attendent à ce qu'on les croie. Ils ne perdent pas de temps à demander si on les croit ou à se plaindre du nombre d'imposteurs qu'il y a dans notre société. Si votre vis-à-vis vous demande constamment si vous le croyez, c'est qu'il se sent vulnérable. De même, le menteur mentionne rarement une autre personne en répondant à vos questions, de peur que vous demandiez à cette autre personne de confirmer ses dires. Vous avez donc toutes les raisons de croire celui qui ne vous demande pas constamment si vous le croyez ou qui ne craint pas de faire confirmer son témoignage par un tiers.

7. *Les autres réactions.* D'autres réactions peuvent encore trahir le mensonge. En voici quelques exemples.

Si votre interlocuteur s'insurge et vous demande en quel honneur vous doutez de ses affirmations, il a peut-être quelque chose à cacher. Les gens attaquent rarement quand ils se sentent dans leur droit.

S'il se moque de votre accusation, il est possible que vous ayez touché un point sensible. Par exemple, quand Michel a accusé Guy d'avoir pris de l'argent dans le tiroir-caisse, ce dernier a répondu à la blague : « C'est ça. J'en prends chaque semaine depuis trois ans. Allez-vous appeler la police ? »

Prêtez attention s'il utilise des phrases telles que « Pour être honnête », « À vrai dire » ou « Sincèrement, je ». Ces expressions sont souvent utilisées comme écran.

Il est indubitable que savoir détecter les mensonges vous permettra de faire meilleure figure dans une négociation. Nous reviendrons sur le mensonge en deuxième partie.

Sa connaissance du sujet

Vous devriez également vous assurer, au début d'une campagne de persuasion, que votre cible connaît bien le sujet qui vous réunit. Le comportement des gens diffère en effet selon qu'ils maîtrisent bien ou mal le sujet discuté.

La personne qui ne craint pas de discuter d'un sujet donné donnera rapidement son opinion, posera les bonnes questions et utilisera un langage qui, même s'il ne comporte pas les expressions à la mode, témoigne d'une réelle connaissance. Dans ce cas, votre logique devra être irréprochable pour la convaincre.

Par contre, la personne qui ne donne pas son avis, pose peu de questions, fait de longues pauses avant de répondre et parle en termes très généraux maîtrise peut-être mal le sujet. Si tel est le cas, votre présentation devra tenir compte de cette réalité et vous aurez davantage recours aux techniques d'influence périphériques. Nous traiterons de ces techniques en deuxième partie.

Exercice n° 5

Demandez à un ami de faire trois affirmations parmi lesquelles se trouve un mensonge. Puis, posez-lui des questions et mettez en pratique ce que vous venez de lire pour découvrir le mensonge.

Inversez ensuite les rôles et demandez à votre ami de découvrir laquelle de vos affirmations est un mensonge. Pour finir, échangez sur le contenu de ce chapitre.

5 > Présenter efficacement ses arguments

Aristote, nous l'avons vu, soutenait qu'une argumentation persuasive devait intégrer le logos, c'est-à-dire (*grosso modo*) la logique. Mais, tout comme la beauté se trouve dans l'oeil de celui qui regarde, la logique se trouve dans l'esprit de celui qui écoute.

C'est donc dire qu'il est possible que votre argumentation, même si elle vous semble sensée, ne le paraisse pas aux yeux de la personne que vous tentez d'influencer.

Ce chapitre est consacré aux moyens permettant à une argumentation d'avoir du sens aux yeux des personnes que l'on tente d'influencer. Nous commencerons par nous pencher sur la structure de la présentation, puis nous parlerons des règles à suivre pour encoder un message selon que le destinataire (la cible) est un analyste, un moteur, un aimable ou un expressif. Nous traiterons également de la nécessité de combattre les émotions négatives chez votre vis-à-vis et nous terminerons en nous demandant comment les notions exposées peuvent être utilisées quand nous nous adressons à un groupe.

La structure de l'argumentation

À la base, toutes les campagnes de persuasion sont structurées de la même façon. Cette structure, cependant, varie en fonction de la raison d'être du processus. Voyons brièvement les **5 étapes** d'une campagne de persuasion.

1. *Dans un premier temps, il faut attirer l'attention.* Vous pouvez y arriver en fixant un rendez-vous, en posant une question énigmatique à votre vis-à-vis, en racontant une anecdote ou en laissant tomber une assiette à terre. Voici quelques exemples.

   ➤ «J'aimerais te parler. As-tu une dizaine de minutes ou préfères-tu qu'on se voie plus tard dans la journée ? »

   ➤ « Peux-tu garder un secret ? Parce que ce que j'ai à te dire doit rester entre nous... »

   ➤ «Avez-vous l'habitude de rire des clients ou avez-vous adopté un nouveau comportement spécialement pour moi ? »

   ➤ « Devine qui a pigé dans le tiroir-caisse hier soir ? »

Suivant les circonstances, tous ces énoncés peuvent attirer l'attention. Le deuxième, notamment, est très efficace parce qu'un secret représente un savoir rare et que cette rareté éveille le désir de connaître. Nous en traiterons en deuxième partie.

Ne poursuivez pas votre argumentation tant que vous n'avez pas toute l'attention de votre interlocuteur. Si vous ne tenez pas compte de cette recommandation, il risque de n'assimiler qu'une petite partie de votre message, et tout sera à recommencer.

Remarquez qu'attirer l'attention de votre vis-à-vis n'est rien si vous ne pouvez pas la conserver. Pour cette raison, évitez les lieux trop bruyants. Évitez également les endroits trop passants si le contenu de votre message est confidentiel. Si nécessaire, décrochez aussi le téléphone.

À la fin de cette première étape, vous avez donc toute l'attention de votre interlocuteur. Par contre, si vous ne lui prouvez pas rapidement qu'il a intérêt à vous écouter, son attention faiblira.

2. *C'est pourquoi, dans un deuxième temps, vous devez lui confirmer qu'il a tout intérêt à vous écouter.* Pour ce faire, procédez au dévoilement d'un besoin à satisfaire.

Pourquoi votre vis-à-vis accepterait-il de vous écouter? Même si vous avez attiré son attention, vous la perdrez rapidement s'il lui paraît évident qu'il n'a rien à gagner en discutant avec vous. Voici de nouveau quelques exemples.

➤ «J'aimerais vous donner une dernière chance de conserver ma clientèle. Êtes-vous prêt à m'écouter?»

➤ «J'aimerais rétablir le beau climat de confiance dont nous jouissions jusqu'ici. Tu préfères travailler dans un climat de confiance, n'est-ce pas?»

➤ «J'aimerais que ce soit les plus belles vacances de notre vie. Mais, évidemment, il ne faut pas perdre la tête et dépenser une fortune. Qu'est-ce que tu en penses?»

Au terme de cette étape, votre vis-à-vis sait qu'il a quelque chose à tirer de la rencontre (la rétention d'un client, le rétablissement du climat de confiance, des vacances merveilleuses à bon prix) et il est prêt à investir les ressources cognitives nécessaires à la satisfaction du besoin annoncé. Mais il ne sait pas si vous êtes en mesure de tenir parole.

3. *C'est pourquoi, dans un troisième temps, il faut expliquer comment ces besoins peuvent êtres satisfaits.* De cette façon, vous transmettez l'image d'une personne qui ne vit pas la tête dans les nuages. C'est ici que la logique doit primer. Voici quelques autres exemples en continuité avec les répliques précédentes.

➤ « Vous deviez livrer le buffet cet après-midi. La conférence de presse de mon client a lieu à 18 h et rien n'est encore arrivé. Si vous ne trouvez pas une solution immédiatement, c'est la dernière fois que je fais affaire avec votre entreprise. Il faut que vous mobilisiez vos employés afin que le tout soit livré d'ici 90 minutes. Ayez recours aux services d'un de vos concurrents s'il le faut. »

➤ « Il est désagréable de vivre dans l'ignorance et d'avoir à se méfier de ceux avec qui on travaille. Il est encore plus désagréable de sentir que l'on est craint. Mais si chacun me donne une version complète des événements survenus hier, nous serons en mesure de reconstituer ce qui s'est passé et d'identifier le coupable. Veux-tu que nous commencions ? »

➤ « Depuis trois ans, nous choisissons les destinations de nos vacances sans vraiment nous poser de questions. Je me suis dit qu'il serait intéressant, cette année, de prendre le temps d'évaluer les possibilités qui s'offrent à nous afin de maximiser notre investissement. Es-tu disposé à le faire avec moi ? »

4. *La quatrième étape consiste à provoquer chez votre vis-à-vis une projection dans le futur.* Il doit commencer à entrevoir les bénéfices promis à la deuxième étape. Pour y arriver, utilisez des mots dépeignant cette réalité future. Voici quelques exemples.

➤ « Depuis deux ans, je vous commande au moins quatre buffets par mois et je prévois que mes besoins augmenteront au cours de l'année qui vient. J'aimerais continuer à faire affaire avec vous. »

➤ « C'est merveilleux quand on travaille dans la confiance, sans redouter personne, sans se demander constamment si la caisse va balancer ou si un filou ne va pas piger dans le sac à main d'une employée. Nous pouvons retrouver ce climat de travail. »

> « Deux semaines de vacances, c'est bien court. Mais les souvenirs, eux, restent pour la vie. Nous devons nous assurer qu'ils seront les plus beaux possible et que nous aurons encore les moyens de faire notre épicerie en rentrant. »

5. *La cinquième étape consiste à pousser votre vis-à-vis à l'action* tandis qu'il est sous le charme de l'image que vous avez proposée à son esprit à l'étape précédente.

La majorité des gens ont besoin de se faire dire comment ils peuvent profiter de ce qu'on leur offre. En marketing direct, par exemple, le taux de réponse chute dramatiquement si on n'explique pas aux cibles ce qu'on attend d'elles, si on suppose qu'elles vont le deviner.

Vous ne devez pas laisser votre vis-à-vis deviner comment il peut satisfaire le besoin que vous lui avez présenté. Bouclez votre argumentation en lui disant ce que vous attendez de lui. Voici quelques exemples.

> « Si vous n'agissez pas immédiatement, le temps va nous manquer. Allez ! Relevez ce défi et préparez-moi un buffet tout de suite ! »

> « Raconte-moi ce qui s'est passé hier, ce que tu as vu et ce que tu as ressenti. Je t'écoute. »

> « Viens. Je suis passé à l'agence de voyages et j'ai ramené quelques brochures. Assoyons-nous et regardons-les ensemble. »

À la fin de cette cinquième étape, votre cible est prête à s'engager. Elle est persuadée. Il vous reste à entretenir la flamme en l'encourageant, en la félicitant et en lui fournissant la preuve qu'elle se rapproche du résultat visualisé lors de la quatrième étape.

Présenter ses recommandations

À un problème que vous soumettez, il peut y avoir une solution comme il peut y en avoir plusieurs. À cet égard, une question revient régulièrement quand on prépare une stratégie de persuasion : s'il existe plusieurs solutions, devons-nous les présenter toutes ou devons-nous nous en tenir à celle que nous préférons ? Après tout, ces deux choix présentent chacun des avantages et des inconvénients. Avant d'exposer ce qu'ont révélé les expériences scientifiques menées à ce sujet, résumons ces deux options.

Vous pouvez ne présenter qu'un côté de la médaille. Dans ce cas, votre présentation sera plus rapide et vous ne dérouterez pas votre vis-à-vis s'il n'est pas à l'aise avec les concepts que vous utilisez. En simplifiant votre présentation, vous augmenterez les chances de le pousser à l'action.

D'un autre côté, si votre vis-à-vis sait qu'il existe plusieurs solutions et que vous n'en présentez qu'une, il doutera peut-être de votre impartialité. Il pourrait même vous reprocher d'avoir une vision limitée de la situation et vous rappeler que votre présentation est incomplète.

Que choisir ? De nombreuses études ont été menées pour trouver la réponse à cette question. La meilleure doit tenir compte de **3 variables** qu'il faut évaluer chez la cible avant de tenter de la persuader : son niveau de connaissance, son point de vue initial et la crédibilité qu'elle vous prête.

1. *Le niveau de connaissance de la cible.* Plus votre cible s'y connaît et mieux elle maîtrise les concepts présentés, plus vous devez présenter toutes les options possibles. Si vous ne le faites pas, votre crédibilité diminuera.

   Au contraire, si la cible maîtrise mal les concepts et ne sait trop quoi penser, limitez le nombre des options. Autrement, vous la plongerez dans le doute et serez incapable de la pousser à l'action.

2. Le point de vue initial. Si la cible a une opinion bien arrêtée au départ et que cette opinion est également la vôtre, il vous suffit de présenter cette seule opinion pour la pousser à l'action.

Par contre, si votre cible soutient une opinion contraire à la vôtre, vous devrez en tenir compte si vous ne voulez pas perdre votre crédibilité. Dans ce cas, commencez par présenter la situation problématique, puis exposez les solutions possibles. Analysez les avantages et les inconvénients de chaque option avant de recommander celle que vous considérez comme étant la plus valable.

3. La crédibilité que la cible vous prête. Si vous êtes très crédible aux yeux de votre cible, vous pouvez vous contenter de ne présenter qu'une solution. Après tout, on vous fait confiance. Si, par contre, vous êtes peu crédible, présentez plusieurs options. Au besoin, allez chercher de l'expertise à l'extérieur pour assurer votre position.

 Certaines personnes se créent instantanément une crédibilité en inventant une faiblesse à leur proposition. Elles commencent en disant : « Je vous avertis tout de suite que la solution que je propose n'est pas une solution miracle. Elle obligera... »

Même si elles ne présentent qu'une solution, en avouant qu'elle n'est pas parfaite, elles améliorent leur crédibilité.

Adapter son argumentation en fonction de son vis-à-vis

Dans les précédents chapitres, nous avons vu qu'il existe quatre styles sociaux (l'analyste, le moteur, l'aimable et l'expressif). Nous avons également vu que les gens préfèrent dire oui aux personnes qu'ils aiment, et qu'ils aiment davantage celles qui leur ressemblent.

Partant de là, vous comprendrez aisément que votre argumentation sera mieux reçue si vous l'exprimez en utilisant le style social de votre vis-à-vis. Par exemple, Denise est une expressive et elle doit convaincre Denis, qui est un analyste. La situation pourrait être représentée ainsi.

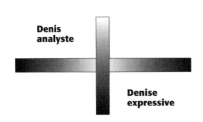

Si elle est fidèle à elle-même, Denise tentera de convaincre Denis en s'affirmant et en expliquant les effets que la situation actuelle a sur elle. Cette attitude aura **3 conséquences**.

1. *Elle fera la preuve qu'elle et Denis ne se ressemblent pas.* Elle éveillera ainsi en Denis un certain doute à l'égard du bien-fondé de sa requête.

2. *Elle agacera peut-être même Denis* en lui exprimant ses sentiments, alors que lui préfère se concentrer sur les faits.

3. *Son besoin de s'affirmer sera peut-être interprété comme une insistance* désagréable. Dans ce cas, Denis choisira peut-être d'ignorer sa demande.

Ces trois conséquences sont attribuables au fait que Denise et Denis n'ont pas le même style social. Que devrait faire Denise pour être plus convaincante ? Elle devrait, le temps de faire passer son message, devenir elle-même une analyste.

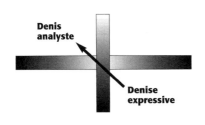

Si Denise s'exprime comme une analyste, Denis trouvera ses arguments plus intéressants et sera plus susceptible d'être influencé.

Dans les prochaines pages, nous vous présenterons ce qu'il faut faire pour revêtir, le temps de persuader, le costume d'un analyste, d'un moteur, d'un aimable ou d'un expressif. Cela ne fera pas de vous un manipulateur, mais un meilleur communicateur.

Convaincre un analyste

Si vous êtes un analyste, demeurez vous-même et vous serez convain-cant. Si vous n'en êtes pas un, les suggestions suivantes vous aideront à faire passer votre message.

Les analystes sont les personnes qui supportent le moins l'incompé-tence. Ne l'oubliez pas. Arrivez à l'heure, vêtu sobrement, et ne perdez pas trop de temps à parler de choses et d'autres avant de vous atta-quer au sujet de la rencontre. Les expressifs, qui sont à l'opposé de l'analyste pour ce qui est du besoin de s'affirmer et de s'exprimer, trouveront cela particulièrement difficile.

Parlez lentement, sans lever le ton. Présentez les avantages et les incon-vénients des options qui s'offrent à vous, puis expliquez pourquoi vous en favorisez une. Si possible, ayez avec vous des tableaux statistiques et des articles appuyant vos affirmations.

Insistez sur le fait que votre proposition pourrait, à moyen ou à long terme, mener à d'autres développements. L'analyste se soucie du futur et de l'impact de ses décisions. En fait, il est souvent plus préoccupé par l'avenir que par les problèmes courants.

Pendant que vous défendez votre point de vue, l'analyste se demande si vous êtes crédible. Pour faire bonne figure, n'exagérez pas les avan-tages de votre solution et n'avancez rien que vous ne puissiez prouver.

Si l'analyste estime que vous exercez de la pression sur lui, il se rebif-fera. Il doit avoir l'impression que la décision vient de lui. Au besoin, proposez-lui de le laisser réfléchir à votre proposition et d'en débattre au cours d'une autre rencontre. Il vous en sera reconnaissant.

Convaincre un moteur

Si vous êtes un moteur, demeurez simplement vous-même. Si vous n'en êtes pas un, les suggestions suivantes vous aideront.

Le moteur vit dans l'action et n'aime pas avoir l'impression de perdre son temps. Si vous souhaitez gagner sa faveur, arrivez à l'heure et ne perdez pas de temps en conversations qu'il jugerait stériles. De même, au moment de partir, ne gaspillez pas son temps en étirant la discussion.

Soyez énergique et mettez l'accent sur les résultats plutôt que sur les étapes nécessaires pour les atteindre. Ne vous attardez pas trop aux détails. Si le moteur veut en savoir plus, il vous posera des questions.

Parlez rapidement et n'évitez pas les contacts visuels. Ne vous enfoncez pas dans votre fauteuil. S'il y a de nombreuses options, n'en présentez que quelques-unes et décrivez-les brièvement. Exposez ensuite les avantages et les inconvénients de la solution que vous préconisez.

Si le moteur hésite, dites-lui qu'une décision rapide s'impose et demandez-lui s'il est possible de la prendre tout de suite. S'il répond par la négative, demandez quels sont les renseignements qui lui manquent et à quel moment vous devriez vous réunir de nouveau.

Convaincre un aimable

Si vous êtes un aimable, demeurez vous-même et vous serez convaincant. Si vous n'en êtes pas un, lisez attentivement les suggestions qui suivent.

L'aimable apprécie avant tout l'interlocuteur qui le met à l'aise : parlez doucement et ayez une attitude dégagée. S'il est assis, évitez de vous placer debout devant lui, le regard rivé au sien ; il aurait l'impression que vous tentez de l'intimider.

Si vous sentez que l'aimable souhaite parler de la température ou des derniers résultats sportifs avant d'engager la vraie discussion, pliez-vous de bonne grâce. Rappelez-vous aussi qu'il n'aime pas s'affirmer. Si vous souhaitez connaître son opinion sur un sujet, posez-lui une question, puis taisez-vous. Ne répondez pas à sa place.

Avant de présenter votre proposition, efforcez-vous d'en arriver à un accord sur un objectif commun (nous traiterons de cette question en deuxième partie). L'aimable a besoin de savoir que vous avez une attitude de partenaire, et que vos visions du problème et vos objectifs coïncident.

Si votre solution est peu risquée et qu'elle n'aura que peu d'effets négatifs sur les personnes impliquées, insistez sur ces deux points pendant que vous la présentez.

Au moment de prendre une décision, l'aimable qui a en tête des objections auxquelles vous n'avez pas répondu tentera de reporter la décision à plus tard. Si vous mettez un terme à la rencontre à ce moment-là, il risque fort, en raison des doutes qu'il entretient, de rejeter votre proposition. Par conséquent, ne le quittez pas avant de l'avoir encouragé à exprimer tout ce qui pourrait l'empêcher d'être d'accord avec vous.

Quand il acceptera de vous révéler ce qui l'agace dans votre proposition, n'adoptez pas une attitude défensive. Expliquez-lui que vous comprenez ses appréhensions, puis répondez doucement à ses objections.

Une fois la décision prise, gardez le contact avec l'aimable. Si vous disparaissez, il risque de croire qu'il s'est fait manipuler.

Convaincre un expressif

Si vous êtes un expressif, restez simplement vous-même. Si vous n'en êtes pas un, ce qui suit est pour vous.

L'expressif a besoin de connaître son vis-à-vis avant de lui faire confiance. Discutez de choses et d'autres avant de vous attaquer au sujet de votre rencontre. N'hésitez pas à vous révéler et à révéler vos rêves et vos aspirations. L'expressif fera de même.

Ne laissez cependant pas ces discussions prendre trop de place. Dès que vous sentirez que le courant passe bien entre vous, rappelez à l'expressif la raison d'être de votre rencontre et demandez-lui son opinion à ce sujet.

N'hésitez pas, quand vous n'êtes pas d'accord avec lui, à remettre en question ce qu'il dit. L'expressif aime les joutes oratoires et apprécie les interlocuteurs ouverts à la discussion. Si vous manquez d'arguments, utilisez des anecdotes et des témoignages personnels. L'expressif y est particulièrement sensible.

Finalement, si vous en venez à un accord, ne partez pas sans avoir défini les responsabilités de chacun. Si aucun échéancier n'est établi, l'expressif risque de tarder avant de se mettre au travail.

 Prenez garde à ceux qui font appel à la «logique circulaire», c'est-à-dire un raisonnement logique à première vue, mais qui ne l'est pas réellement.

Par exemple: «Tu dois me dire qui a pigé dans la caisse parce que je suis ton ami. Et je suis ton ami parce que nous sommes francs l'un envers l'autre. Dis-moi qui c'est.»

Les manipulateurs qui emploient ce genre de discours ont tendance à déséquilibrer leur victime au préalable en lui faisant peur ou en la culpabilisant. Ce type d'argument est efficace avec les gens qui ont une faible estime d'eux-mêmes.

Effectuer une présentation devant un groupe

Les groupes ne sont pas homogènes. On y trouve des analystes, des moteurs, des aimables et des expressifs. Comment, dans ce cas, s'adresser à eux pour les convaincre ?

Si vous vous adressez à un groupe dont le leader est très autocratique, présentez votre point de vue en fonction de son style social personnel, comme s'il était seul avec vous. Si vous avez vu juste, et qu'il est entouré de béni-oui-oui, vous n'aurez aucun mal à faire valoir votre point de vue.

Autrement, adaptez votre présentation en fonction de l'humeur générale plutôt qu'en fonction du style social de chacun. À cet égard, il est possible de diviser les types de groupes en **4 catégories**.

1. *Il y a tout d'abord les groupes ignorants,* composés de personnes qui sont peu à l'aise avec le sujet de la rencontre. Ces groupes ont besoin d'un pédagogue, de quelqu'un qui leur montre la voie à suivre et qui est disposé à les y accompagner. Présentez les grandes lignes de votre proposition sans vous enfoncer dans la théorie. Faites grandir votre crédibilité et répondez sans rire à toutes les questions.

2. *Il y a également les groupes indifférents.* Ceux-ci demeureront insensibles à votre proposition tant qu'ils n'auront pas pris conscience de leurs besoins. Vous devez donc commencer votre présentation en racontant l'histoire de personnes qui ont vécu la même situa-

tion, puis exposer les avantages qu'ils ont obtenus en suivant la voie que vous suggérez. Ensuite, et ensuite seulement, vous pourrez présenter votre solution.

3. *Viennent ensuite les groupes gagnés d'avance.* Vous commencerez par les féliciter pour leur opinion, puis vous leur expliquerez en quoi les arguments opposés à votre position commune sont erronés. Dès qu'ils seront armés contre les influences extérieures, il vous restera à les pousser à l'action.

4. *Vous rencontrerez enfin des groupes hostiles.* Avec ceux-ci, commencez par faire la preuve que vos positions ne sont pas totalement opposées. Pour ce faire, dressez la liste de tous les points que vous partagez. Cela devrait diminuer leur agressivité. Lancez ensuite la discussion sur les points sur lesquels vous n'êtes pas d'accord.

Ce qui importe, c'est de vous adapter au groupe auquel vous avez affaire en considérant son niveau de connaissance, son attitude à votre égard et son intérêt. Une présentation mal adaptée provoque l'indifférence, l'ennui ou l'agressivité.

6 > Les attributs personnels nécessaires

En matière de persuasion, certaines personnes sont plus efficaces que d'autres. Elles arrivent à obtenir l'assentiment des autres avec une facilité qui relève de la magie, du moins aux yeux des gens pour qui la persuasion reste un exploit. Il est tentant de penser que ces personnes ont un don.

Ce chapitre est consacré aux cinq attributs personnels qui rendent les êtres humains convaincants. Ces attributs sont : une bonne estime personnelle, une vision objective de gens qui nous entourent, une bonne capacité d'écoute, des habiletés pour reformuler, un vocabulaire positif et un esprit tourné vers l'avenir.

Ces attributs sont à la fois des outils facilitant le travail de persuasion et des balises empêchant de sombrer dans la manipulation. Ils agissent à la fois sur la capacité persuasive et la sensibilité morale de ceux qui les possèdent.

Est-il possible de développer ces attributs s'ils nous font défaut? Oui, pourvu qu'on soit disposé à y consacrer du temps et des efforts. Nous verrons comment tout au long de ce chapitre.

L'estime personnelle

Aristote, rappelons-nous, insistait sur l'ethos en disant qu'il s'agissait d'une composante essentielle de tout discours visant la persuasion. Nous avons vu, au chapitre 2, que sans crédibilité, il est difficile de convaincre. Mais que se passe-t-il quand nous ne sommes même pas crédible à nos propres yeux?

Chacun de nous entretient dans son esprit une image de lui-même qui influe sur ses gestes, ses décisions et ses chances de succès. Selon l'auteur et conférencier Nathaniel Branden, l'estime personnelle est la réputation que l'on a à son propre égard. Cette réputation recouvre deux dimensions, que nous allons définir.

La première dimension de l'estime personnelle est la confiance en soi. Certaines personnes ont confiance en elles, d'autres non. La confiance en soi n'est pas liée aux compétences réelles de la personne, mais aux compétences qu'elle associe à l'image mentale qu'elle entretient intérieurement. Une personne peut ainsi être tout à fait compétente et ne pas se sentir à la hauteur parce qu'elle entretient une piètre image d'elle-même.

La confiance en soi détermine la propension à prendre des risques, à exiger davantage dans l'espoir d'obtenir assez, à cogner aux portes, etc.

La deuxième dimension de l'estime personnelle est le sentiment de valeur personnelle, le respect que l'on se porte à soi-même. Encore là, certaines personnes ont beaucoup de respect pour elles-mêmes, tandis que d'autres se considèrent comme une quantité négligeable.

Les personnes qui se respectent peu exigent moins de la vie parce qu'elles sont convaincues de ne pas mériter mieux. Celles qui se respectent beaucoup considèrent l'abondance comme tout à fait méritée.

Le schéma de la page suivante présente l'estime personnelle comme la mesure d'une surface dont les deux dimensions sont la confiance en soi et le sentiment de la valeur personnelle. L'estime personnelle correspond à la zone en gris.

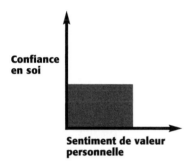

Confiance en soi

Sentiment de valeur personnelle

Il existe donc deux manières de faire grandir l'estime personnelle : augmenter sa confiance en soi ou faire grimper le sentiment de sa valeur personnelle.

Pour au moins **4 raisons**, les personnes qui n'ont pas une bonne estime personnelle auront du mal à faire bonne figure au cours d'une négociation ou d'un processus de persuasion.

1. *Persuadées de ne pas mériter mieux, elles se contentent d'objectifs inférieurs* ou ne s'en fixent tout simplement pas. Elles ne peuvent donc sortir gagnantes d'une négociation, puisque cette attitude, nous le verrons en deuxième partie, mène à la soumission ou à l'évitement.

2. *De peur de paraître encore plus ridicules (à leurs yeux),* elles ne demandent pas à leur vis-à-vis de s'expliquer quand elles ne comprennent pas ce qui vient d'être dit. Or, signer un contrat dont on ne comprend pas certaines clauses peut être dangereux si le vis-à-vis est peu scrupuleux.

3. Elles sont peu conscientes de leur pouvoir personnel et surestiment le pouvoir de leur vis-à-vis. Dans le même ordre d'idée, elles ont tendance à sous-estimer la valeur de leur produit en situation de vente.

4. Quand elles ont à persuader ou à négocier, elles réagissent plus qu'elles n'agissent, disant oui sans trop réfléchir et négligeant de se demander si les arguments de leur vis-à-vis sont sensés. Elles deviennent ainsi encore plus sujettes à la manipulation.

Selon Nathaniel Branden, le meilleur antidote pour venir à bout d'une faible estime personnelle est de prendre l'habitude de vivre consciemment.

Vivre consciemment, c'est s'accepter tel que l'on est, avec ses forces et ses faiblesses, pour ensuite entreprendre de s'améliorer. S'accepter tel que l'on est est essentiel, puisque l'estime de soi ne dépend pas du succès social. Certaines personnes qui ont réussi aux yeux des autres se sentent peu valables et ont l'impression d'usurper leur succès.

Vivre consciemment, c'est se fixer des objectifs et agir sur le monde plutôt que le subir. Les objectifs atteints, aussi petits soient-ils, sont autant d'occasions de réjouissance qui font grandir l'estime de soi.

Vivre consciemment, c'est se questionner avant d'accepter les critiques émises par les gens de son entourage. Nombre de personnes critiquent pour des motifs inavouables. Il est essentiel de faire la part des choses et de n'accepter que la part de critiques qui nous revient.

Vivre consciemment, c'est faire la paix avec soi-même, comprendre que la vie est un long apprentissage et qu'il est normal, à un moment ou à un autre, de mettre les pieds dans le plat. Trop de personnes, par exemple, gardent la conviction qu'elles ne savent pas s'exprimer en public parce qu'à la petite école, il y a 20 ans de cela, elles ont oublié leur texte lors d'une présentation en classe. Depuis 20 ans, elles n'ont jamais retenté le coup.

Vivre consciemment, c'est aussi accepter les compliments, garder le compte de ses accomplissements, avoir confiance en sa puissance relative et réaliser qu'il n'existe pas d'être humain parfait, que nous sommes tous en devenir.

 Il est assez facile d'abuser d'un vis-à-vis dont l'estime personnelle est faible. La culpabilité, entre autres, reste un outil très efficace à cet égard. Les manipulateurs provoquent la culpabilité avec des phrases telles que celles qui suivent.

« Je ne pensais jamais que tu ferais ça. Sais-tu à quel point tu m'as nui en le faisant ? »

« À cause de vous, mon client n'a pas aimé sa conférence de presse. J'ai perdu un client par votre faute ! »

« Tu me fais vraiment de la peine quand tu agis de cette manière. Pourquoi cherches-tu à me faire mal ? »

Il va sans dire que la culpabilité est plus difficile à utiliser avec une cible qui jouit d'une bonne estime personnelle. Lorsqu'elle est accusée, elle commence par se demander si elle est vraiment coupable de ce dont on l'accuse. Si elle considère qu'elle ne l'est pas, la manœuvre n'a aucun effet sur elle.

Deux chercheurs, Carlsmith et Gross, avancent **3 raisons** pour expliquer l'efficacité de la culpabilité sur une personne ayant une faible estime personnelle.

1. La sympathie. La personne se sent désolée pour son vis-à-vis.

2. Le besoin de compenser. Elle ressent le besoin de réparer les pots cassés, de faire quelque chose pour compenser.

3. Une culpabilité généralisée. Son image de soi est entachée par ce qu'elle a fait (et qu'elle considère comme étant une faute).

Une bonne estime de soi est un élément essentiel du développement des habiletés de persuasion et de négociation. Nous espérons que ce qui précède vous a donné le goût d'aller plus loin. C'est auprès de personnes ayant une bonne estime personnelle que les êtres humains se sentent le mieux.

Une vision objective de son entourage

L'opinion que vous avez de votre vis-à-vis, lorsque vous entamez votre campagne de persuasion, influe sur votre comportement et le choix des mots que vous utilisez. Si cette opinion est erronée, votre campagne est vouée à l'échec.

Voici quelques exemples de situations où l'attitude initiale d'une personne nuit à ses efforts de persuasion.

Yves est vendeur chez un concessionnaire automobile. Quand il répond à une consommatrice, il s'efforce de ne pas parler de mécanique ou de performance, et s'en tient plutôt à l'apparence des voitures et aux couleurs disponibles. « Les femmes ne veulent pas entendre parler de mécanique », se plaît-il à dire à ses collègues.

Ariane doit rencontrer son banquier parce qu'elle souhaite obtenir un prêt hypothécaire. « À quoi bon, se dit-elle, je suis trop jeune pour qu'il me dise oui. »

Guy aimerait bien demander à cette jolie femme assise au bar si elle a envie de danser, mais il croit qu'elle va refuser et il décide de ne pas y aller.

Katherine est persuadée que son client trouvera son produit trop cher. Avant de lui en révéler le prix, elle lui dit de s'asseoir « parce que, vous vous en doutez, ce n'est pas donné ».

Marie-Hélène aimerait bien offrir ses services de traduction à ce gros éditeur, mais elle hésite en se disant qu'il doit faire affaire avec des fournisseurs établis et qu'il ne voudra pas confier de contrats à une « petite nouvelle ».

Dans tous ces cas, l'opinion de Yves, Ariane, Guy, Katherine et Marie-Hélène nuit à leur chance de pouvoir influencer correctement leur vis-à-vis. À cause de leurs préjugés, ces protagonistes se sont en effet nui à eux-mêmes.

Que faire pour éviter que de telles choses arrivent ? La réponse tient en cinq mots : donnez la chance au coureur.

Ne vous imposez pas des contraintes qui n'existent pas. La cliente d'Yves voulait connaître les caractéristiques mécaniques des automobiles et elle n'a pas apprécié d'être privée de ces informations. Le directeur de la banque d'Ariane espérait conclure une transaction avec elle. La jolie femme s'ennuyait et espérait qu'on l'invite à danser. Le client de Katherine avait déjà magasiné et il avait une idée du prix du produit qu'il souhaitait acheter. L'éditeur auquel Marie-Hélène voulait offrir ses services avait un surplus de travail et souhaitait trouver un nouveau traducteur.

Tentez de persuader en vous disant que tout est possible, que votre vis-à-vis sera intéressé par vos propos et qu'il sera toujours temps de vous adapter aux événements.

La capacité à écouter

Êtes-vous du genre à préparer votre réplique pendant que votre inter-locuteur répond à votre réplique précédente ? Feignez-vous l'intérêt pendant que votre vis-à-vis parle ? Quand votre interlocuteur utilise des mots qui vous sont inconnus, faites-vous comme si vous aviez compris ? Quand on vous parle, promenez-vous votre regard à gauche et à droite ? Et, finalement, vous arrive-t-il de couper les gens au milieu d'une phrase parce que, de toute façon, vous savez ce qu'ils vont dire ?

Si vous avez répondu par l'affirmative à l'une de ces questions, vous souffrez d'un déficit d'écoute qui pourrait nuire à vos tentatives de persuasion et à vos négociations. Une écoute active, en plus de mon-trer votre respect pour la personne qui parle, vous permet de vous adapter à votre vis-à-vis.

La personne que vous tentez de persuader et qui vous soumet des objec-tions ou vous pose des questions se révèle à vous. Si vous l'écoutez bien, vous pourrez déterminer ses motivations, ses craintes et sa maîtrise du vocabulaire relatif au sujet de la rencontre.

Mais il n'est pas facile d'écouter attentivement. Le cerveau humain peut traiter de 800 à 900 mots par minute, tandis que la personne qui vous fait face n'en prononce en général que de 150 à 180. Votre cerveau, n'étant pas utilisé à 100 %, trouve alors d'autres choses à faire, ce qui réduit votre capacité à comprendre ce que vous dit votre interlocuteur.

Comment améliorer sa capacité d'écoute ? Dans un premier temps, si vous êtes facilement déconcentré, choisissez un environnement qui ne vous rendra pas la tâche plus compliquée encore. Fermez le téléviseur ou la radio, demandez à ne pas être dérangé et placez-vous de façon à ne pas faire face au trafic ou à l'horloge.

Adoptez également une posture favorisant l'écoute. Faites face à votre interlocuteur et regardez-le dans les yeux. Penchez-vous légèrement vers lui et évitez les gestes (soupirs, craquements de doigts, tapotements des doigts sur le bureau, etc.) qui pourraient lui ôter l'envie de discuter.

Mais, surtout, concentrez-vous. Si une pensée vous occupe l'esprit et nuit à votre concentration, jetez-la sur papier. Vous pourrez ensuite écouter plus attentivement. Respectez également les silences. Si votre interlocuteur fait une pause, ne vous sentez pas obligé d'intervenir. Il est probablement en train de penser à ce qu'il souhaite dire. Dans le même ordre d'idée, ne terminez pas ses phrases à sa place.

Une bonne écoute fait la preuve que vous respectez le point de vue de votre vis-à-vis. Mais vous devez aller encore plus loin et l'encourager à se révéler et à poursuivre. Pour ce faire, vous avez **3 outils** à votre disposition.

1. *La question d'ouverture.* Il arrive qu'une personne communique indirectement son besoin d'être écoutée. Par exemple, votre enfant entre en trombe dans la maison et s'affale dans le salon, l'air meurtri. Une bonne question d'ouverture pourrait alors être : « Ça n'a pas l'air d'aller. Veux-tu m'en parler ? » ou bien « Tu es tout blême. Y a-t-il quelque chose que je devrais savoir ? » Après la question d'ouverture, adoptez une posture d'écoute.

2. *L'assentiment marmonné.* Ce sont de petites phrases ou des grognements qui signifient à l'autre qu'on est à l'écoute. Des phrases telles que « Ha-hun », « Ahhhh », « Ah oui ? », « Je suppose », « Ah bon » ou « Hummm » sont davantage utilisées pour faire savoir qu'on est toujours là que pour obtenir des informations supplémentaires. Une mise en garde s'impose toutefois ici. Assurez-vous d'établir un bon contact visuel avant d'utiliser l'assentiment marmonné. Si

vous dites « Ha-hun » en regardant le plafond ou vos chaussures, votre interlocuteur pensera que vous n'êtes pas intéressé par ses propos.

3. Les questions de clarification. Il arrive également que votre vis-à-vis, tenant pour acquis que vous connaissez certaines choses, les passe sous silence. Par conséquent, si vous constatez qu'un élément vous manque pour comprendre ce qu'on vous dit, faites-le savoir en utilisant une question de clarification. Par exemple : « J'ignore ce que veut dire SADC. Peux-tu me l'expliquer ? » ou « Sur quoi te bases-tu pour dire qu'elle t'en veut ? Te l'a-t-elle dit ? »

Les gens n'ont pas l'habitude d'être écoutés avec attention. En le faisant, vous vous distinguez des autres et, parce que vous n'êtes pas sur la défensive, vous faites grimper votre crédibilité.

La capacité à reformuler

Le but de l'écoute n'est pas uniquement d'entendre, mais bien de comprendre. L'écoute ne constitue que la première partie du processus. Vous devez également vous assurer de bien comprendre ce que votre interlocuteur vous communique. Il arrive fréquemment que les mots, les expressions ou les symboles n'aient pas la même signification d'une personne à une autre. La reformulation vous assure de comprendre ce que votre vis-à-vis souhaite vous faire savoir.

Reformuler consiste à retourner son message à l'interlocuteur en utilisant d'autres mots pour qu'il puisse confirmer qu'on a bien compris. Cela ne veut pas dire répéter mécaniquement ce qu'il a dit, sinon on ne pourrait s'assurer d'avoir bien compris (de plus, si on le fait fréquemment, l'interlocuteur aura vite l'impression qu'on veut rire de lui).

Vous pouvez reformuler en paraphrasant, c'est-à-dire en répétant dans vos mots le message qui vous est communiqué. L'exemple suivant illustre cette technique.

> ➤ «J'ai été plus que surprise de le voir arriver au party avec sa nouvelle compagne. Il savait que je serais présente.
>
> — Il s'est présenté avec Hélène!
>
> — Oui. Et il ne semblait pas du tout gêné de me savoir présente.»

Vous pouvez également reformuler en paraphrasant les émotions que vous croyez percevoir chez l'autre personne. À ce moment, vous tiendrez à la fois compte du message, des gestes et de l'expression de votre vis-à-vis. Voici un exemple.

> ➤ «J'ai été plus que surprise de le voir arriver au party avec sa nouvelle compagne. Il savait que je serais présente.
>
> — Ça t'a fait de la peine.
>
> — Non, pas de la peine. Ça m'a insultée.»

Finalement, vous pouvez reformuler en résumant les propos de votre vis-à-vis et en lui demandant de confirmer que vous avez bien compris. Pour ce faire, vous pouvez utiliser des phrases telles que:

> ➤ «Je veux m'assurer d'avoir bien compris. Ce que tu dis, en fait, c'est que...»
>
> ➤ «Donc, en résumé, tu aimerais que... C'est bien ça?»

Assurez-vous de garder le silence après avoir reformulé les propos de votre vis-à-vis. C'est un signe que vous souhaitez qu'il confirme ce que vous avez compris.

La reformulation peut également être utilisée pour modifier ou atténuer les propos d'un vis-à-vis. Voici un exemple.

➤ Le client : « C'est bien trop cher ! »

Le vendeur : « C'est cher, j'en conviens, et j'aimerais vous expliquer pourquoi. »

Si le client ne réplique pas, le produit est passé de « trop cher » à « cher ». Ses propos ont été atténués et sa perception du prix l'a également été. En reformulant subtilement les propos d'un vis-à-vis, il est possible de modifier sa perception.

Un vocabulaire positif

Nous avons vu, au chapitre 3, qu'il est important, pour se faire apprécier, d'être associé à des émotions ou à des faits positifs. Cela fait grandir l'appréciation des gens à votre endroit et leur donne davantage envie de vous dire oui.

Le vocabulaire que vous employez permet à votre vis-à-vis de décider s'il vous apprécie ou s'il doit prendre ses distances. C'est la raison pour laquelle un vendeur suggérera à son client d'officialiser l'entente plutôt que de rédiger une facture, et qu'un employé parlera à son patron d'un beau défi à relever plutôt que de la charge supplémentaire de travail qui lui est imposée.

Imaginez que vous êtes un aimant et que vos interlocuteurs sont des particules chargées négativement. Chaque fois que vous utilisez un vocabulaire positif, vous présentez à ces personnes votre pôle positif et elles sont attirées vers vous. À l'opposé, chaque fois que vous utilisez un vocabulaire négatif, vous leur présentez votre pôle négatif et elles sont immédiatement repoussées loin de vous. Pour illustrer notre propos, reprenons un des exemples présentés en introduction.

Denis, nous l'avons vu, souhaite demander à son patron une augmentation de salaire mais, chaque jour, les mots lui manquent et il reporte sa demande au lendemain. Nous ne traiterons pas de la négociation proprement dite et de la préparation à la négociation que devrait entamer Denis (cela sera fait en deuxième partie), mais il vaudrait mieux qu'il commence par utiliser un vocabulaire qui sonnera doux aux oreilles de son patron et qui fera grimper l'appréciation que ce dernier a de Denis.

Voici, à titre d'exemple, une liste de mots et de phrases à utiliser ou à éviter quand on est à portée d'oreille d'un supérieur hiérarchique. Cette liste est en partie tirée de *How to Say It at Work*, de Jack Griffin. Vous retrouverez les coordonnées de cet ouvrage dans la bibliographie sélective.

Mots et expressions à éviter :

Je	Peur
Demander	Détruire
Faute	Désastre
Crise	Oublier
Prendre une chance	Je n'y pouvais rien
J'ai oublié	Impossible de faire mieux
Je n'ai pas été chanceux	Il n'y avait rien à faire
Vous êtes trop exigeant	C'est injuste
Ça m'a échappé	Salaire de misère

Mots et expressions à utiliser :

Nous	Capable
S'engager	Options
Responsabilité	Occasion d'apprentissage
Défi	Apprendre
Atteindre les objectifs	J'ai acquis de l'expérience
Ce sera agréable	Ça ouvre de nouvelles perspectives
J'aimerais avoir votre opinion	Évaluons les options
Je vais relever ce défi	Situation gagnant-gagnant
Je vais m'y attaquer	Augmenter ma productivité

Évitez d'utiliser des expressions et des mots négatifs, qui suggèrent la privation, le refus, la fermeture, le rejet. Si vous les utilisez trop, votre interlocuteur aura l'impression que vous n'avez pas une attitude de partenaire et qu'il vaut mieux se tenir loin de vous.

Vous aurez remarqué, en parcourant cette liste, que les phrases à éviter sont souvent orientées vers le passé, tandis que les phrases que nous conseillons d'utiliser sont orientées vers le futur. Cela constitue une bonne introduction au prochain attribut nécessaire au développement des habiletés de persuasion.

Choisir l'avenir

Au moment d'entreprendre une campagne de persuasion, notre attention peut se porter sur le passé, le présent ou l'avenir. Chacune de ces possibilités influencera notre comportement et nos chances de succès.

Supposons maintenant que vous êtes détaillant et qu'un de vos livreurs a endommagé hier une résidence (le camion a heurté la clôture) en effectuant une livraison.

Si vous vous concentrez sur le passé lors de votre rencontre avec le livreur, soit vous l'accablerez de reproches, soit vous lui demanderez comment l'accident est arrivé. Quoi qu'il en soit, vous ne pourrez changer ce qui est arrivé.

Si vous vous concentrez sur le présent, vous pourrez évaluer si vous avez encore suffisamment confiance en votre livreur pour lui confier un camion ou si vous préférez le mettre à pied. Dans les deux cas, ni lui ni vous ne serez plus avancés : il devra se trouver un autre emploi et vous devrez vous trouver un autre livreur.

Remarquez que ces étapes sont nécessaires : il vous faut savoir comment les choses se sont passées et vous êtes en droit de vous demander si vous lui faites encore confiance. Mais là n'est pas vraiment la question puisque, au cours de ces étapes, vous ne tentez pas encore de persuader. Ce que nous tentons de faire passer comme message, c'est que si vous vous limitez au passé et au présent, vous ne pourrez que licencier votre livreur, ou le réprimander et lui rappeler ensuite régulièrement sa bévue. Pour cela, vous n'avez pas à utiliser vos habiletés de persuasion.

Par contre, si vous êtes orienté vers l'avenir, vous vous demanderez quoi faire pour qu'une telle chose ne se reproduise pas. Vous lui demanderez son avis et vous serez probablement en mesure d'envisager un avenir meilleur pour vous deux s'il accepte, par exemple, de redevenir apprenti pendant quelques jours, le temps qu'un chauffeur plus expérimenté l'aide à peaufiner ses aptitudes.

À ce moment, vous aurez fait deux gagnants, car vous aurez un chauffeur plus expérimenté et plus confiant.

En matière de persuasion ou de négociation, celui qui ne pense qu'à court terme peut certes faire des gains rapides, mais ce genre d'attitude fait rarement deux gagnants. En se concentrant sur l'avenir, on évite de prendre de mauvaises décisions ou de s'attirer les foudres d'un interlocuteur dont on a abusé.

Ceci met fin à la première partie, portant sur la persuasion. En utilisant ce que vous avez vu jusqu'ici, vous êtes déjà en mesure de mieux influencer, de persuader.

Mais il arrive qu'une personne que l'on tente d'influencer demande un compromis. Nous pénétrons alors dans le domaine de la négociation. Ce sera l'objet de la prochaine partie.

Deuxième partie

Le processus de négociation

7 〉 *La planification de la négociation*

Il existe plusieurs façons de présenter les théories de la négociation. Celle que nous utiliserons dans cette deuxième partie comporte six parties: la préparation de la négociation, l'instauration d'un climat propice à la négociation, l'identification des enjeux, la négociation proprement dite, la conclusion de l'entente et l'évaluation.

Il aurait certes été possible de présenter les choses autrement. Les ouvrages que nous vous suggérons dans la bibliographie sélective en fin de volume procèdent quelquefois différemment, mais les fondements, eux, ne changent pas.

Le présent chapitre est consacré à la préparation, étape la plus importante de toute négociation. Combien de fois avez-vous quitté une négociation et avez trouvé, trop tard, les arguments décisifs que vous auriez pu utiliser? Combien de fois vous êtes-vous exclamé: «J'aurais dû dire ça!»? Combien de fois avez-vous regretté l'entente que vous veniez tout juste de parapher?

Planifier une négociation, c'est s'assurer que de telles choses ne se produisent pas. C'est préparer une stratégie qui permettra d'aller chercher le maximum et de se fixer un plancher en deçà duquel on optera pour l'impasse.

La planification de la négociation, étape par étape

Le schéma de la page suivante présente la planification d'une négociation. Nous allons en traiter dans ce chapitre, étape par étape. Contentons-nous, dans un premier temps, de les résumer.

La première chose consiste à évaluer l'importance relative de la négociation. Vous n'investirez pas autant d'énergie pour planifier une négociation peu importante que pour préparer une négociation dont dépend votre avenir.

Par la suite, vous partirez à la recherche de toutes les informations nécessaires à la définition d'une bonne stratégie, puis vous évaluerez la distribution des pouvoirs entre les parties en présence. Négliger ces deux étapes vous ferait courir de grands risques.

Armé de ces renseignements, vous déciderez ensuite de l'attitude à adopter pour mener à bien la négociation. Devez-vous jouer les dictateurs ou les partenaires ? Vaut-il mieux, cette fois, laisser votre vis-à-vis avoir raison ? Cette étape déterminera comment vous attaquerez la négociation.

En cinquième lieu, vous définirez votre objectif de négociation. Celui-ci devra être double : ce que vous tenterez d'obtenir et le seuil en dessous duquel vous choisirez l'impasse.

Il vous restera, en sixième lieu, à élaborer votre stratégie centrale. Cette stratégie vous permettra de mettre à profit tout ce que nous vous avons présenté en première partie.

Enfin, vous élaborerez une stratégie périphérique. Celle-ci se composera d'une série de moyens vous permettant de faire dire oui à votre interlocuteur de façon plus ou moins automatique.

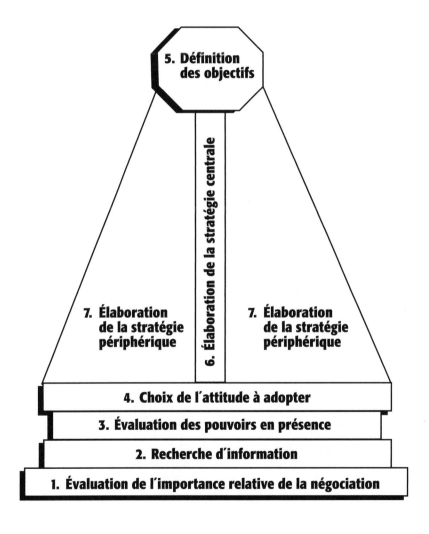

Après ces sept étapes, vous aurez en main une stratégie complète, construite sur du solide, et propre à vous permettre d'atteindre vos objectifs. L'ensemble de la démarche vous aura demandé de quatre minutes à trois semaines, selon la situation à laquelle vous faites face et l'importance relative de la négociation.

Au cours de la présentation de ces sept étapes, nous serons à l'occasion aidés par Sylvie, qui souhaite convaincre son conjoint de passer des vacances au Mexique plutôt qu'en Floride.

L'évaluation de l'importance relative de la négociation

Il n'y a que 24 heures dans une journée. Et vous ne pouvez pas, au cours d'une seule journée, vous consacrer pleinement à toutes les négociations dans lesquelles vous êtes appelé à jouer un rôle. Vous devez faire des choix et bien utiliser votre temps. La préparation de certaines négociations se verra ainsi accorder plus de temps, tandis que celle d'autres rencontres sera soit évitée, soit déléguée, soit bâclée.

Comment déterminer l'importance relative d'une négociation ? Vous êtes fort sollicité, bousculé par les événements. Il vous faut donc une balise qui vous permette de déterminer quelles sont les négociations les plus importantes.

Cette balise se compose de vos valeurs et de vos objectifs à long terme. Où souhaitez-vous être dans 2 ans, dans 5 ans, dans 10 ans ? Comment vous voyez-vous ? Nous avons déjà dit qu'une bonne estime de soi exige qu'on se choisisse des objectifs. Ce sont ceux-ci qui permettront par la suite de déterminer l'importance relative de chaque négociation. Quels sont vos objectifs en regard des éléments suivants ?

• Santé   • Vie de couple

• Vie familiale   • Vie spirituelle

- Situation financière
- Implication dans la communauté
- Formation technique
- Vie sociale

- Objectifs de l'entreprise
- Implication politique
- Développement personnel
- Loisirs

Chaque objectif, avant d'être adopté, devrait passer un test tout simple : heurte-t-il, d'une façon ou d'une autre, des valeurs qui vous sont chères ? Si oui, retournez à votre table de travail ; ce n'est pas un bon objectif.

Sans objectif, vous ne pourrez pas déterminer quelle négociation est importante et laquelle ne l'est pas. Vous vous lancerez dans des aventures qui ne vous rapprocheront aucunement de vos objectifs et vous négligerez des négociations qui vous auraient permis de réaliser vos rêves.

Vos objectifs, parce qu'ils peuvent parfois être en contradiction les uns avec les autres, devraient ensuite être placés en ordre de priorité. Cela vous permettra de décider rapidement si vous partez en vacances cette fin de semaine ou si vous entreprenez cette négociation avec un client potentiel.

Une fois tout ce travail effectué (ça ne se fait pas en quelques heures, c'est vrai), vous serez en mesure de déterminer si une négociation est ou n'est pas importante. Voici quelques questions qui vous permettront d'y arriver.

« Cette négociation peut-elle me rapprocher d'un des objectifs que je me suis fixés ? » Si oui, elle est importante.

« Le fait de ne pas m'engager dans cette négociation m'empêchera-t-il de réaliser un des objectifs que je me suis fixés ? » Si oui, elle est importante.

« Le temps que je devrais consacrer à cette négociation m'empêcherait-il de préparer convenablement cette autre négociation, susceptible de m'aider à atteindre un objectif plus important pour moi ? » Si oui, votre temps serait mieux employé si vous prépariez l'autre négociation.

« Cette négociation aura-t-elle une influence sur ma capacité future à atteindre mes objectifs ? » Si oui, investissez le temps nécessaire à sa préparation.

Quant à Sylvie, sachez qu'elle considère comme très important de se rendre au Mexique cet hiver. Elle a donc décidé d'investir tout le temps nécessaire à la préparation de sa négociation.

La recherche d'information

L'information est la matière première d'une stratégie valable. Se lancer dans une négociation sans s'être astreint à la recueillir peut vous faire courir de nombreux risques. Voici quelques exemples.

Rachel souhaitait obtenir un meilleur prix pour le loyer du local commercial qu'elle convoitait. Elle a dû oublier cela quand le propriétaire l'a persuadée, en lui présentant un document écrit, que la majorité des loyers des immeubles voisins étaient plus élevés que le sien. (Mais si Rachel avait fait une petite recherche, elle aurait trouvé au moins cinq immeubles moins chers dans le même secteur. Ces immeubles ne se trouvaient évidemment pas sur la liste que le propriétaire lui a présentée.)

Chantal et Daniel ne savaient pas s'ils devaient acheter la maison témoin que leur faisait visiter un entrepreneur en construction. Mais quand celui-ci leur a dit que, s'ils achetaient tout de suite, il leur offrirait une garantie écrite de cinq ans, ils n'ont pas hésité. Ils ne savaient pas qu'une telle garantie est obligatoire et qu'elle s'applique à toutes les maisons neuves.

Pour s'attirer les bonnes grâces d'un client potentiel, Lydia lui a fait parvenir deux bons billets pour une importante partie de football. Elle ignorait cependant que ce client déteste le sport et n'aime que la musique classique. Si elle avait su, elle lui aurait offert autre chose.

Votre recherche d'information doit principalement porter sur cinq aspects : votre vis-à-vis, le cadre réglementaire, les pratiques du secteur, l'opinion des spécialistes et les comportements courants. Voici ce qu'il en est.

Le vis-à-vis

Quel est le style social de votre vis-à-vis ? S'agit-il d'un analyste, d'un moteur, d'un expressif ou d'un aimable ? Si vous le savez à l'avance, il vous sera plus facile de préparer votre argumentation.

Si vous êtes régulièrement en contact avec lui, ce n'est pas un problème de le déduire à l'aide d'indices. Par contre, si c'est la première fois que vous le rencontrez, vous pourriez avoir intérêt à contacter des gens qui ont eu à négocier avec lui par le passé.

Grâce aux gens contactés, tentez également de découvrir son mode d'opération. Certaines personnes ont tendance à s'effacer pendant une négociation, tandis que d'autres attaquent continuellement. En sachant à l'avance ce qu'il en est de votre vis-à-vis, vous ne serez pas désarçonné pendant la rencontre.

Vous vous devez aussi de connaître son groupe de référence : à qui cette personne doit-elle rendre des comptes, et qui est susceptible, dans son entourage, de porter des jugements sur ses décisions ? Tout le monde a un groupe de référence. Ce peut être un patron, qui évalue la performance de son acheteur en fin de mois ; le conjoint, qui exprime sa surprise ou sa déception à la suite d'un achat ; le parent, qui pose un jugement sur les résultats scolaires de son enfant ; ou un groupe d'ami, que l'on ne souhaite pas décevoir.

Dès que vous avez identifié le groupe de référence, demandez-vous quelles attentes ses membres peuvent avoir à l'égard de votre vis-à-vis. Plus souvent qu'autrement, ce dernier ne voudra pas les décevoir. Si vous ne tenez pas compte de ces personnes pendant la préparation de votre stratégie, vous risquez de frapper un mur.

La sphère de contrôle de votre vis-à-vis est également importante. Est-il en mesure de dire immédiatement oui à votre requête ou doit-il faire parvenir sa recommandation à un tiers ? Dans une entreprise où vous tentez, par exemple, de vendre vos services, votre vis-à-vis peut jouer les **4 rôles** suivants.

1. *Il peut s'agir de l'autorité suprême,* du président ou du directeur général. Dans ces cas, la négociation peut aboutir rapidement à une transaction.

2. *Il peut s'agir d'un futur utilisateur* de votre produit ou de votre service. Dans ce cas, cette personne pourra tout au plus influencer les preneurs de décision. L'objectif de la rencontre sera donc de la convaincre de la supériorité de votre offre et de la transformer en vendeur interne.

3. *Il peut s'agir d'un acheteur.* Dans ce cas, son horizon temporel sera plus réduit et il sera surtout intéressé par les modalités de votre proposition (prix, délai de paiement, etc.).

4. *Il peut s'agir d'un conseiller technique.* Cette personne est chargée de s'assurer que votre proposition correspond au devis que l'entreprise a préparé. Vous agirez en partenaire avec le conseiller technique et vous vous efforcerez de lui fournir tous les renseignements dont il a besoin. S'il est laissé dans le doute, ne serait-ce que sur un seul point, il ne pourra recommander votre offre.

En connaissant la sphère de contrôle de votre vis-à-vis, vous serez en mesure de l'influencer correctement, c'est-à-dire en fonction de votre stratégie.

L'état d'esprit de votre vis-à-vis constitue une autre information importante. Vit-il une période difficile ou heureuse? Son entreprise est-elle en croissance ou en déclin? Son industrie traverse-t-elle une crise qui risque d'entraîner la disparition des sociétés les moins performantes? Comment cette personne a-t-elle réagi par le passé dans des circonstances similaires? Les réponses à ces questions, si vous les trouvez, vous aideront à préparer votre rencontre.

Viennent finalement les besoins inavoués de votre vis-à-vis. Au-delà de son mandat, que gagnera votre vis-à-vis s'il en vient à une entente avec vous? la sécurité? l'admiration de ses pairs? le soutien de ses collègues? une promotion? autre chose?

Les besoins avoués ne forment souvent que la pointe de l'iceberg. Nous y reviendrons au chapitre 9.

 Pour une personne mal intentionnée, bien connaître son vis-à-vis peut aussi présenter un grand intérêt. Ainsi, si elle sait quelque chose que celui-ci a avantage à cacher, son pouvoir de négociation vient de faire un bond considérable.

De même, si elle sait que son interlocuteur signe à peu près n'importe quoi s'il a pris un verre, si on lui offre des gratifications sexuelles ou si on lui fait des compliments, elle pourra préparer sa stratégie en conséquence.

Le cadre réglementaire

Un quelconque cadre réglementaire risque-t-il d'affecter la négociation que vous vous préparez à entreprendre? Deux questions devraient retenir votre attention pendant que vous explorez cet aspect de la négociation à venir.

Au-delà de quelle limite votre entente risque-t-elle d'être illégale ? Par exemple, des lois empêchent dans certaines circonstances la collusion ayant pour but de fixer les prix. Si vous vous faites prendre à un tel jeu, vous risquez une amende, voire la prison. De même, vous ne pouvez demander à un employé de mettre sa vie en danger pour effectuer un travail et vous ne pouvez offrir un pot-de-vin à un acheteur pour qu'il change de fournisseur.

Que doit légalement vous donner votre vis-à-vis ? Quand viendra le temps des concessions, si vous l'ignorez, vous risquez de le voir vous offrir ce qu'il est obligé de vous donner en échange d'une concession qui, elle, vous coûtera quelque chose. À cet égard, relisez l'histoire de Chantal et de Daniel en page 110.

Si vous ignorez le cadre réglementaire de la négociation, vous risquez soit de conclure une entente illégale, soit de vous faire proposer des concessions qui n'en sont pas. Prenez garde !

Les pratiques du secteur

Comment se déroulent habituellement les choses dans votre secteur d'activité ? Si vous l'ignorez, vous risquez de vous faire présenter comme une concession ce qui n'en est pas une. Voici quelques exemples.

➤ Pour que Nicole accepte de proposer à ses clients les accessoires de la compagnie qu'il représente, Alex lui a offert, comme faveur, de mettre les produits en consignation. Or, dans ce secteur, la consignation est une pratique courante.

➤ Gabriel a accepté d'offrir dans son commerce les produits fabriqués par Eddy. Pour cela, il a exigé une exclusivité territoriale en faisant valoir que c'était là une pratique courante dans le secteur. Or, c'est faux, et Eddy doit maintenant composer avec un détaillant paresseux, alors que d'autres détaillants aimeraient bien offrir son produit...

➤ Véronique a offert à Lucie que son entreprise défraie une partie des dépenses publicitaires quand cette dernière annonce ses produits. Pourquoi ? Parce que Lucie est une très bonne cliente. Lucie était donc flattée. Or, l'entreprise de Véronique agit de la sorte avec tous ses clients !

➤ Jacques rencontre un employé pour lui annoncer que son bon travail lui vaut une augmentation de salaire de 10 cents l'heure. Or, c'est de ce montant qu'augmentera le salaire minimum le lendemain ; Jacques est obligé d'offrir cette augmentation ! (Cet exemple n'a rien de fantastique. L'auteur de ces lignes a assisté à une pareille rencontre !)

Dans chacun de ces cas, l'ignorance a poussé des personnes à accepter des conditions qu'elles auraient peut-être rejetées si elles avaient été au courant des pratiques dans leur industrie. Ces fausses concessions ont pu les pousser à commettre des erreurs de stratégie ou à modifier exagérément leur perception de la personne qui leur faisait face.

Pour savoir comment se font normalement les choses dans votre secteur d'activité, contactez votre association sectorielle, feuilletez les magazines destinés aux membres de votre industrie et entretenez un réseau de contacts dans votre domaine. Et surtout, n'oubliez pas que l'ignorance se paie, parfois cher.

L'opinion des spécialistes

Nous ne traiterons des stratégies périphériques qu'un peu plus loin dans ce chapitre. Pour l'instant, retenez que les symboles d'autorité suffisent souvent à modifier les comportements, chez les êtres humains aussi bien que chez les animaux. Ainsi, chez certains oiseaux, c'est le mâle arborant les plus belles plumes qui a le droit de s'accoupler avec la femelle convoitée.

Chez les êtres humains, les choses ne sont pas bien différentes. Dans une expérience effectuée sur un campus universitaire, une personne était présentée à une classe avant qu'elle fasse un exposé. Après son départ, le professeur demandait aux étudiants la taille du visiteur. Quand celui-ci avait été présenté comme un éminent professeur, on lui accordait deux ou trois pouces de plus que lorsqu'il avait été présenté comme un étudiant.

Vous remarquerez également que, dans un colloque, il arrive fréquemment que la présentation d'un conférencier prenne presque autant de temps que son exposé. On donne la liste de toutes les écoles où il a étudié, toutes les revues auxquelles il a collaboré, tous les livres qu'il a écrits et tous les clients prestigieux qu'il a servis. Cela n'a qu'un but : que vous buviez ses paroles. Après tout, c'est un spécialiste !

 Remarquez que tous les attributs de l'autorité sont assez faciles à simuler. Par exemple, si une personne malhonnête souhaite acheter un immeuble à logements, elle pourrait se faire accompagner par un ami qu'elle présenterait comme étant un entrepreneur en construction chargé de noter les réparations dont l'immeuble a besoin. Si, tout au long de la visite, le vendeur voit ce supposé spécialiste constamment occupé à écrire, il aura l'impression que l'immeuble est en moins bon état qu'il le croyait et il sera plus enclin à baisser son prix.

N'hésitez pas à poser des questions afin de juger le mieux possible de la compétence des experts avec qui vous traitez.

Vous avez donc intérêt, pendant votre recherche d'information, à scruter les médias à la loupe dans l'espoir de trouver une citation qui pourrait appuyer vos dires. Voici quelques sources d'information à ce propos.

Si un spécialiste reconnu dans un domaine émet un commentaire ou une prédiction qui vient appuyer vos dires, faites-en une copie.

Si une personne qui est admirée par votre vis-à-vis (sans forcément être reconnue) émet une opinion qui confirme ce que vous avancez, prenez-en bonne note.

Si un organisme officiel émet un rapport confirmant ce que vous dites, trouvez-en un exemplaire au plus vite.

Si votre système informatique peut produire un *rapport complet* prouvant la véracité de vos affirmations, ayez-le sous la main et présentez-le à votre vis-à-vis s'il doute de ce que vous avancez.

Dans tous ces cas, efforcez-vous d'avoir une preuve écrite. La majorité des gens croient plus facilement celui qui leur soumet la preuve de ses dires que celui qui ne fait que parler.

Les comportements courants

Savez-vous pourquoi les saucisses Hygrade sont si populaires? La réponse se trouve depuis des décennies dans leurs publicités : « Elles sont plus fraîches, parce que plus de gens en mangent ; et plus de gens en mangent, parce qu'elles sont plus fraîches. »

Il y a quelques années, une station de radio montréalaise avait pour slogan : « Tout le monde le fait. Fais-le donc ! Écoute... »

Il semble que les gens aient souvent tendance à regarder ce que font les autres afin d'agir de même, surtout en situation d'incertitude. Voici quelques exemples illustrant ce phénomène.

Il est possible de présenter l'information de façon à en augmenter l'impact. Le schéma ci-dessous montre les pourcentages mensuels de pièces défectueuses provenant d'un fournisseur.

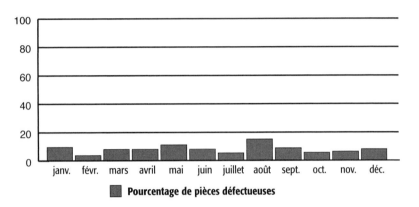

Avant de rencontrer son fournisseur, l'acheteur a modifié l'axe vertical: au lieu de le diviser en 100, il l'a divisé en 15, comme ci-dessous.

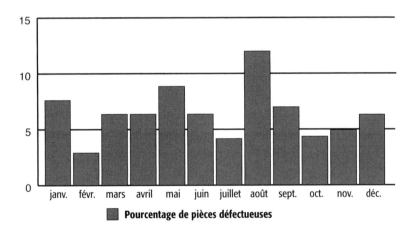

Résultat: les pourcentages de produits défectueux semblent bien plus élevés. Et pourtant, aucun chiffre n'a été gonflé.

Vous êtes dans une ville que vous connaissez peu et vous avez faim. Vous ne vous arrêtez pas dans un restaurant désert ; vous choisissez plutôt celui dont le stationnement est plein. « Les gens de la place, vous dites-vous, savent où la nourriture et les portions sont les meilleures. »

Vous ignorez quel film aller voir en fin de semaine et vous décidez de consulter la section Cinéma de votre journal. Vous y apprenez qu'un film occupe la première place du box-office depuis maintenant trois semaines. Vous décidez que c'est ce film que vous irez voir.

Cialdini rapporte qu'un journaliste, ayant suivi pendant tout un été un *preacher* américain, a fini par se rendre compte que les mouvements spontanés que l'on pouvait observer dans la foule lorsque le *preacher* demandait au groupe d'approcher n'étaient pas aussi spontanés qu'ils le paraissaient. Il a remarqué que 600 personnes l'accompagnaient de ville en ville et faisaient en sorte que l'auditoire obéisse. Les gens réagissaient moins à l'appel du *preacher* qu'au mouvement de ces 600 personnes avançant dès qu'on le leur demandait.

Vous avez donc intérêt, quand vient le temps de recueillir l'information qui vous aidera à convaincre votre vis-à-vis, à trouver des exemples de personnes qui se sont retrouvées dans la même situation que votre vis-à-vis et qui sont maintenant heureuses d'avoir choisi la solution que vous proposez. Votre cible n'a pas à connaître ces personnes ; si elles les connaît et les apprécie, l'effet n'en sera que plus grand.

Sylvie et la recherche d'information

Sylvie sait que son conjoint est un analyste et qu'elle constitue son principal groupe de référence. C'est donc du côté de l'information qu'elle a poussé ses recherches. Au terme de cette démarche, elle a **3 choses** en main.

1. Elle s'est rendue à l'agence de voyages et en est revenue avec des brochures proposant des forfaits vacances au Mexique.

2. Elle a consulté le cahier Vacances de *La Presse* du samedi et y a déniché trois chroniques décrivant un voyage de rêve au Mexique et présentant quelques destinations de choix dans ce pays.

3. Elle a contacté un couple d'amis ayant visité le Mexique l'an dernier et en ayant ramené plusieurs bonnes photos.

Nous verrons plus tard comment Sylvie entend se servir des fruits de sa recherche.

L'évaluation des pouvoirs en présence

Qui, à l'orée de cette négociation, a l'avantage ? Est-ce vous ou l'autre partie ? Qui a le plus à perdre en cas d'impasse ? Qui a le plus à gagner en cas d'entente ? Qui a en main une solution de rechange si la négociation échoue ? Qui n'a aucune autre possibilité ?

Les gens ont malheureusement tendance à sous-estimer leur pouvoir lorsqu'ils planifient une négociation. C'est ainsi que le travailleur autonome se convaincra peu à peu que la grande entreprise n'a pas vraiment besoin de ses services, et que le sous-traitant se convaincra que son offre n'est pas bien différente de celles de ses concurrents et que, par conséquent, il ne lui reste que l'argument du prix s'il souhaite obtenir le contrat.

Ce n'est pas tant de pouvoir réel que de pouvoir perçu qu'il est ici question. Vous êtes peut-être à la merci de votre vis-à-vis mais, s'il l'ignore et que vous feignez adroitement le désintérêt, vous pouvez obtenir des concessions dont vous n'auriez jamais pu rêver autrement. Et le pouvoir, comme la beauté, réside dans l'œil de celui qui regarde. Vous pouvez augmenter votre pouvoir relatif en répondant aux questions suivantes.

« Comment puis-je démontrer que j'ai d'autres options ? »

« Comment puis-je montrer que d'autres soumissionnaires sont dans la course (même si en fait je suis le seul) ? »

« Comment puis-je faire la preuve que je ne suis pas pressé ? »

« Comment lui faire savoir que je sais quelles concessions il a consenties à d'autres personnes ? »

Vous êtes plus puissant que vous ne le pensez. Cette section a pour but de vous en faire prendre conscience. Nous y présentons quelques-uns des attributs susceptibles d'accroître votre pouvoir aux yeux des gens avec qui vous négociez.

Il existe **3 types de pouvoir**. Il est possible de s'imposer en jouant sur la peur, la contrepartie et l'affiliation. Nous présenterons chacun d'eux avant de vous proposer une grille qui vous permettra de déterminer, avant une négociation, l'interlocuteur qui est le plus puissant.

Il est possible d'avoir le dessus sur autrui en utilisant la peur. La personne qui le fait est alors réputée pour posséder un **pouvoir de coercition.** Elle peut punir son vis-à-vis s'il n'obtempère pas, ce qui « encourage » celui-ci à bien se comporter. Voici quelques exemples.

➤ Pour une troisième soirée de suite, Sylvain rentre à la maison après 21 h. Son père est en colère et l'avertit que, la prochaine fois, il sera mis en pénitence : aucune sortie pendant deux semaines. Penaud, Sylvain se réfugie dans sa chambre.

➤ Josée apostrophe François dès son arrivée au travail : « C'est ton troisième retard cette semaine. Je suis exaspérée. La prochaine fois, je t'impose deux journées de congé sans solde. J'espère que tu t'ajusteras. »

➤ Manon annonce à son fournisseur que si celui-ci ne lui accorde pas immédiatement un crédit pour des pièces défectueuses, elle cessera de faire des affaires avec lui et confiera son compte à un autre fournisseur.

Utiliser ce type de pouvoir, en définitive, revient à imposer son point de vue à son interlocuteur. Qu'obtenez-vous quand vous utilisez le pouvoir de coercition ?

Le premier effet de la coercition est une modification du comportement de la personne menacée. Sylvain ne veut pas être privé de sortie, François n'a pas besoin de deux journées de repos sans salaire et le fournisseur de Manon ne souhaite pas la perdre. Dans un premier temps, donc, la coercition a du bon.

Cependant, dans un deuxième temps, la personne forcée à modifier son comportement se questionne intérieurement et se demande si le recours à la force et à la menace était justifié.

Il arrive que la réponse soit oui. Par exemple, si vous avez utilisé la force pour faire sortir d'un immeuble une personne qui souhaitait y rester en dépit du fait qu'un incendie faisait rage dans la pièce voisine, l'autre finira par vous remercier. Parfois, la coercition est la seule solution.

Mais il arrive également que la réponse soit non. Par exemple, François avait peut-être une excuse valable à présenter pour ses trois retards de la semaine. Que se passe-t-il alors dans son esprit ? Il commence à nourrir du ressentiment à l'égard de sa patronne. Si rien n'est fait pour rebâtir les ponts entre ces deux personnes, les événements suivants peuvent survenir.

Il est possible que la semaine suivante, alors qu'il doit se rendre chez un important client en début de matinée, il se présente plutôt au travail, posant ainsi un lapin à cet important client et prétextant qu'il ne souhaitait pas arriver au travail en retard. Le ressentiment qu'engendre la coercition conduit souvent au sabotage.

Il est possible que François réduise au strict minimum les interactions qu'il a avec sa patronne, abaissant ainsi la qualité de leur travail. La méfiance qui en résultera pourrait très bien mener, à moyen terme, au départ de François. De plus, l'attitude de confrontation qui en découlera pourrait fort bien nuire à l'entreprise à court terme.

François pourrait se résigner à rentrer dans le rang en consacrant moins d'effort à son travail. Dans ce cas, il en fera juste assez pour conserver son emploi et réservera son énergie pour ses loisirs. L'entreprise aura perdu son adhésion volontaire.

Cela signifie-t-il qu'il ne faut pas recourir à ce type de pouvoir pendant une négociation ? Ce n'est pas aussi net : dans certaines circonstances, il s'agit de la meilleure option. S'il y a urgence et qu'on ne dispose pas du temps nécessaire pour convaincre l'autre du bien-fondé d'une requête, la coercition est de mise.

De même, si on vise un gain à court terme et qu'une relation à long terme avec le vis-à-vis nous importe peu, la coercition et l'usage de la peur peuvent constituer une option.

Le deuxième type de pouvoir est celui de la **contrepartie.** Il peut être exercé si quelqu'un est en mesure de vous offrir quelque chose contre votre assentiment. Si vous dites oui à une requête parce qu'on vous promet quelque chose en retour et que l'échange vous semble juste, c'est ce deuxième type de pouvoir que vous utilisez. Comme nous allons maintenant le voir, ce pouvoir a plusieurs visages.

Mentionnons tout d'abord le *pouvoir de récompense*. La personne qui promet une bonne évaluation semestrielle, une augmentation de salaire, une bonne note à un examen, une semaine supplémentaire de congé, une augmentation du volume des ventes, une gratification sexuelle ou quoi que ce soit d'autre en échange d'un comportement obéissant exerce son pouvoir de récompense.

Dans ce genre de négociation, où l'attitude de compromis est de rigueur, la personne qu'on convainc échange un certain type de comportement contre une récompense. La contrepartie représente une amélioration par rapport à l'usage de la peur, parce qu'elle donne à l'autre l'impression d'avoir pris volontairement une décision et de ne pas avoir bassement réagi à la peur. L'amour-propre est sauf. Voici deux exemples.

Le père de Karine lui explique que si elle mange tous ses légumes, elle aura le droit de regarder son émission de télévision préférée.

Clément explique à ses employés que si le taux de satisfaction de la clientèle grimpe de 10 % au cours des trois prochains mois, il leur offrira une soirée de festivités dont ils se souviendront longtemps.

Dans ces deux cas, il n'y a pas de coercition. Si Karine ne souhaite pas regarder la télévision et si les employés de Clément n'ont pas envie d'une soirée de fête, ils ne sont pas obligés de manger des légumes ou de modifier leur attitude face aux clients. Le pouvoir de récompense n'est efficace que si la récompense vaut quelque chose aux yeux de la cible.

L'usage de la contrepartie se retrouve également dans l'exercice du *pouvoir relié au statut*. Si vous êtes le supérieur hiérarchique d'une personne, vous aurez plus de facilité à lui faire faire quelque chose que si vous êtes son subalterne, et ce, même si vous ne promettez aucune récompense en échange. Les gens souhaitent rester dans les bonnes grâces de leur patron. La contrepartie, dans ce cas, est la stabilité professionnelle et l'appréciation.

Vient ensuite le pouvoir que confère l'*expertise*. Si vous possédez un savoir ou une habileté nécessaire à la survie ou au développement d'une entreprise, vous pouvez aisément vous y faire écouter et peser, dans une certaine mesure, sur les décisions qu'on y prend. La contrepartie, pour les autres, est l'accès à votre savoir et à votre expertise.

Il y a encore le *pouvoir informationnel*. Si vous avez accès à des informations dont ont besoin vos vis-à-vis, votre pouvoir augmente. Il vous est ainsi possible d'obtenir des concessions en échange de ces renseignements. C'est d'autant plus vrai quand l'environnement de l'entreprise est changeant et menaçant. Dans ce cas, ceux qui possèdent l'information voient leur importance grandir.

Que dire du *pouvoir situationnel*? Il est fort possible qu'une personne, généralement très discrète, se révèle, au cours d'une crise, comme étant un leader capable de saisir les occasions alors que tous les autres demeurent inquiets et figés. À ce moment, l'obéissance des autres est échangée contre la diminution du stress et de l'inquiétude.

Finalement, signalons également dans cette catégorie le *pouvoir de réseau*. Celui qui connaît et qui est en bons termes avec une personne capable d'aider le vis-à-vis acquiert du pouvoir à son égard et peut exiger une contrepartie qui lui serait refusée en temps normal. Ce qu'il offre, dans ce cas, c'est l'accès à des individus-clés.

Le pouvoir de contrepartie est celui qui est le plus utilisé en négociation. Les Américains en ont fait un dicton: *Scratch my back and I'll scratch yours*. Il permet d'inciter un vis-à-vis à l'action et ne provoque pas le ressentiment que génère le pouvoir de coercition.

Son seul désavantage est d'être éphémère. Dès que le besoin du vis-à-vis est comblé ou dès que vous n'êtes plus en mesure d'offrir la contrepartie, votre pouvoir diminue. Voici deux exemples illustrant ce phénomène.

Caroline jouissait depuis longtemps d'un grand pouvoir dans l'entreprise parce qu'elle contrôlait l'accès aux bons de commande et à l'inventaire. Mais, dès que l'entreprise a été informatisée et que cette information est devenue accessible à tous les membres de l'organisation, son pouvoir a diminué et son avis a été moins considéré par les autres employés.

En raison de ses liens avec le propriétaire de l'entreprise, Michel était écouté par tous les employés et tous s'efforçaient de ne pas lui déplaire. Puis l'entreprise a été vendue, le propriétaire a changé et plus personne n'a écouté Michel. Son statut a décliné subitement, et son enthousiasme au travail a suivi la même courbe.

Le troisième type de pouvoir est l'**affiliation**. Il repose sur le désir qu'éprouve votre interlocuteur d'être près de vous. Ce pouvoir peut être exercé si votre vis-à-vis vous fait confiance, s'il est bien en votre compagnie, s'il sait que vous êtes de bon conseil. On le retrouve sous deux formes : le pouvoir charismatique et le pouvoir légitime.

Le *pouvoir charismatique* est le pouvoir que vous attribuent les gens parce qu'ils se sentent bien avec vous et parce que vous avez su leur brosser le portrait d'un futur souhaitable. Voici, en guise d'exemples, quelques commentaires recueillis auprès de personnes qui vivent dans l'entourage d'une personne dotée de ce pouvoir.

Lise parle de sa patronne avec affection : « Avec elle, on sait où on s'en va. Elle ne nous laisse pas dans l'ignorance et ne nous fait pas des peurs. J'ai l'impression que nous ramons tous dans le même sens. Et puis, je suis tenue au courant de notre progression, de nos succès et de nos erreurs. C'est super!»

«Depuis que je travaille pour lui, j'ai l'impression d'être meilleur. Il me donne des défis à ma hauteur et me donne carte blanche pour les relever. Je n'ai jamais autant aimé travailler!»

«Je n'ai jamais autant travaillé dans un cours! Mais avec ce professeur, ce n'est pas du travail. Les cours passent même trop rapidement à mon goût! Il a une telle passion que j'en suis venue à me questionner: comment se fait-il que je n'aimais pas les cours d'histoire avant?»

Le pouvoir charismatique ne repose ni sur la promesse d'une récompense ni sur la menace d'une punition. Les gens qui y sont sensibles se laissent influencer tout simplement parce qu'ils se sentent bien auprès de la personne charismatique et parce qu'ils ont l'impression de participer à quelque chose de bien. Le pouvoir charismatique provoque chez autrui une amélioration de l'estime de soi et une modification positive de l'image qu'ils ont d'eux-mêmes. Du coup, les efforts demandés par la personne qui exerce ce pouvoir deviennent quantité négligeable.

Le *pouvoir légitime* constitue la deuxième forme de pouvoir liée à l'affiliation. C'est le pouvoir qu'a acquis avec le temps une personne qui s'est toujours montrée digne de confiance et dont les décisions se sont la plupart du temps avérées justes.

Le pouvoir légitime est donc conféré par la cible et se bâtit lentement. Tandis qu'une promotion fait immédiatement grimper votre pouvoir de récompense ou votre pouvoir de statut, le pouvoir légitime se gagne petit à petit, au fil des interactions avec les personnes qui vous le reconnaissent.

Le pouvoir légitime ne repose ni sur la peur ni sur une contrepartie. C'est le pouvoir le plus facile à perdre ; il suffit de faire une fois la preuve qu'on n'est pas toujours digne de confiance et les gens, déçus, iront chercher ailleurs un autre leader.

Le pouvoir lié à l'affiliation, qu'il s'agisse du pouvoir légitime ou du pouvoir charismatique, peut traverser les tempêtes et les mauvaises périodes si celui qui l'exerce se montre à la hauteur. Il ne fond pas parce que vous n'êtes plus en mesure de récompenser et il n'entraîne pas de ressentiment. C'est la forme la plus grande de pouvoir.

Mais revenons à l'évaluation des pouvoirs en présence lors d'une négociation. Le tableau suivant vous aidera à déterminer qui a l'avantage dans la négociation que vous amorcez. Attribuez-vous une note de 1 à 10 pour chaque type de pouvoir et faites de même pour votre vis-à-vis. Si besoin, prenez une feuille et justifiez chacune des notes.

Une fois que vous aurez rempli ce tableau, demandez-vous comment vous pouvez améliorer votre pouvoir personnel (tel que votre vis-à-vis le perçoit) en répondant aux questions suivantes.

« Comment puis-je faire en sorte que mon vis-à-vis soit conscient, dès le début de la négociation, des moyens dont je dispose pour imposer mon point de vue ? »

« Connaît-il mon expertise ? »

« Sait-il que je suis en mesure d'influencer des gens dont il a besoin ? »

SOURCES DE POUVOIR	MOI	MON VIS-À-VIS
La peur - Le pouvoir de coercition		
La contrepartie - Le pouvoir de récompense		
- Le pouvoir lié au statut		
- Le pouvoir lié à l'expertise		
- Le pouvoir informationnel		
- Le pouvoir situationnel		
- Le pouvoir de réseau		
L'affiliation - Le pouvoir charismatique		
- Le pouvoir légitime		

Que pouvez-vous faire pour réduire le pouvoir de votre vis-à-vis avant même le début de la négociation ? Par exemple, s'il s'agit de votre supérieur hiérarchique (pouvoir lié au statut), et que vous arrivez à convaincre son propre supérieur hiérarchique, vous venez de réduire considérablement sa capacité à user de son pouvoir.

Comment pouvez-vous faire grandir votre pouvoir avant le début de la négociation ? Si votre pouvoir d'expertise est moins grand que celui de votre vis-à-vis, vous pourriez vous renseigner sur le sujet qui sera débattu ou inviter un expert. Le but de cette opération sera de vous aider à compenser vos faiblesses.

Comment pourriez-vous, si votre pouvoir relatif est faible, utiliser la peur pour contraindre votre vis-à-vis à épouser votre point de vue ?

Au terme de cette troisième étape, vous avez établi l'importance de la négociation à venir, vous avez achevé votre recherche d'information et vous connaissez les pouvoirs en présence. Armé de ces renseignements, vous êtes prêt à choisir l'attitude que vous adopterez.

Le choix de l'attitude à adopter

Comment vous comporterez-vous face à votre vis-à-vis ? Comment se comportera-t-il face à vous ? S'il fallait qu'il s'emballe, quelle attitude serait alors la vôtre ? Ce sont là des questions auxquelles vous êtes maintenant presque en mesure de répondre.

Dans une négociation, **5 attitudes** sont possibles. Elles sont déterminées par **2 variables** que nous vous présentons maintenant.

La première variable est **l'intention que vous avez d'imposer votre point de vue.** Dans certains cas (en particulier si la situation est à la fois urgente et importante), vous devez imposer votre point de vue sans prendre la peine de convaincre votre vis-à-vis. Autrement, vous vous adaptez à l'autre sans tenter d'imposer à tout prix votre point de vue.

 Dans certains cas, votre interlocuteur pourrait vous laisser imposer votre point de vue uniquement pour se créer du capital politique. En effet, il sait que s'il vous laisse gagner sur un point, vous serez plus enclin à lui accorder autre chose. Mais toutes les batailles ne se valent pas. Choisissez-les!

La deuxième variable qui déterminera votre attitude pendant une négociation est **votre désir d'entretenir une relation à long terme avec votre vis-à-vis.** Aurez-vous une autre fois affaire à cette personne dans le futur ? Si oui, vous avez intérêt à prendre soin de la relation. Si vous ne le faites pas, vous risquez de provoquer du ressentiment chez votre interlocuteur et d'avoir à subir sa vengeance lors de votre prochaine négociation.

Évidemment, si vous tenez peu à cette relation et si vous visez le gain à court terme sans vous préoccuper du lendemain, vous pourrez vous permettre d'être égoïste.

Le schéma suivant utilise ces deux variables et présente les cinq attitudes qu'elles permettent de définir.

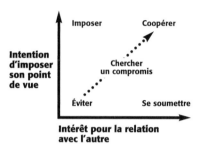

Sylvie, qui souhaite toujours partir au Mexique cet hiver, nous accompagnera dans la présentation de chacune de ces cinq attitudes.

Imposer son point de vue

Si vous tenez mordicus à faire triompher votre point de vue et si vous vous souciez peu de la relation avec votre vis-à-vis, vous aurez tendance à imposer votre point de vue.

Si elle adoptait cette attitude, Sylvie apostropherait ainsi son époux ce soir : « Cet après-midi, j'ai acheté deux billets pour le Mexique. Seras-tu du voyage ou dois-je me trouver quelqu'un d'autre ? » Nous vous laissons imaginer la réaction de son conjoint et les implications d'un tel geste à moyen terme. Cependant, Sylvie ira au Mexique. En ce sens, elle aura gagné.

Ce comportement suppose que votre principal objectif est de satisfaire vos besoins et que vous ne mettrez un terme à la négociation que lorsque vous serez certain d'avoir gagné. Vous utiliserez tous les types de pouvoir à votre disposition pour imposer votre point de vue, n'hésitant pas à omettre des renseignements importants afin de parvenir à vos fins. Cette attitude, lorsqu'elle est couronnée de succès, crée un gagnant (vous) et un perdant (votre vis-à-vis).

Il est déconseillé d'adopter cette attitude si la négociation a peu d'importance pour vous ou si votre pouvoir relatif est faible en comparaison de celui de votre vis-à-vis. Dans ces deux cas, vous nuiriez à votre crédibilité et l'appréciation que les autres entretiennent à votre égard.

Éviter le sujet

Si la négociation est peu importante pour vous, que vous ne tenez pas beaucoup à faire valoir votre point de vue et que votre relation avec votre vis-à-vis vous importe peu, il est probable que vous serez peu tenté de faire apparaître vos désaccords et que vous éviterez simplement de vous lancer dans une négociation.

Si elle choisissait d'adopter ce comportement, Sylvie déciderait d'éviter la chicane en n'abordant plus la question des vacances. Il est possible que ce comportement aurait pour conséquence que le couple ne parte pas en vacances, ce qui alimenterait le ressentiment chez chacun. À la suite de ce genre de décision, les parties sont souvent toutes les deux perdantes.

Les gens qui choisissent l'évitement sont mal à l'aise en situation de conflit. Ils préfèrent renoncer à ce qu'une négociation pourrait leur permettre d'obtenir pour éviter d'avoir à faire face aux tensions inévitables d'une négociation. Ils cultivent une certaine pensée magique, espérant que ce dont ils ne s'occupent pas finira par s'arranger avec le temps. Ceux qui côtoient ces personnes comprennent vite qu'ils peuvent faire à leur tête sans courir de risques et prennent également conscience du fait qu'ils ne doivent pas compter sur ces collègues quand ils cherchent du support.

Se soumettre

Si la négociation est peu importante pour vous, que vous tenez peu à faire triompher votre opinion et que votre relation avec votre vis-à-vis vous importe beaucoup, vous aurez tendance à adopter une attitude de soumission, à accepter ses requêtes en songeant à peine à négocier.

Cette attitude est fréquente chez les personnes qui n'ont pas d'objectif personnel et qui craignent le rejet.

Si elle choisissait d'adopter ce comportement, Sylvie pourrait dire à son mari : « Tu veux aller en Floride ? Nous allons aller en Floride. La discussion est maintenant close. » À moins que la décision de se soumettre ne soit stratégique (vous renoncez à quelque chose afin d'obtenir une concession qui vous paraît plus importante), elle crée en général un perdant (vous) et un gagnant (votre vis-à-vis). Voyons quelles conséquences une telle attitude pourrait avoir sur Sylvie.

La première conséquence est, évidemment, qu'elle n'ira pas au Mexique cet hiver. Mais elle n'aura pas tout perdu puisqu'elle se rendra tout de même en Floride.

À force d'adopter ce comportement, elle finira cependant par croire que ses idées ne sont pas vraiment valables et, qu'en définitive, elle devrait cesser de se fixer des objectifs. Son estime personnelle diminuera alors.

Son refus de s'affirmer les aura peut-être privés, son conjoint et elle, de fabuleuses vacances. Tant pis !

La personne qui se soumet continuellement en vient à oublier ses propres besoins afin de combler ceux des autres. Ce comportement de type Mère Teresa peut être dangereux. L'entrepreneur, par exemple, vendra son produit à perte à un client qui n'a pas les moyens de l'acheter et finira lui-même par faire faillite. Il est sain de penser à ses besoins. Il n'est nullement égoïste de tenir compte de ses intérêts pendant une négociation.

Chercher un compromis

Si vous tenez à imposer votre point de vue et à entretenir une relation à long terme mais que vous vous rendez compte que ce ne sera pas possible sans certains accommodements, vous accepterez de mettre de l'eau dans votre vin (en autant que votre vis-à-vis fasse la même chose) et vous chercherez un compromis.

Si Sylvie adoptait cette attitude, elle pourrait faire à son conjoint l'une ou l'autre des propositions suivantes.

« D'accord. Allons en Floride cet hiver. Mais promets-moi que, l'an prochain, nous irons au Mexique. »

« Si tu acceptes d'aller au Mexique cette année, je suis partante pour la Floride l'an prochain. Qu'en dis-tu ? »

 Sylvie pourrait également commencer par annoncer qu'elle a besoin d'exotisme et qu'elle souhaite prendre des vacances à Tahiti.

Plus tard, constatant les coûts d'un tel voyage, elle pourrait proposer le Mexique en présentant cette destination comme une concession de sa part, au grand soulagement de son conjoint !

La recherche d'un compromis constitue l'attitude la plus fréquente en négociation. Son adoption repose sur la conviction que chaque concession faite par une partie représente un gain pour l'autre partie.

Chaque concession est également une preuve de bonne volonté et encourage le vis-à-vis à faire de même. Au bout du compte, les deux parties sont satisfaites, même si elles n'ont pas obtenu tout ce qu'elles souhaitaient au départ.

Un accord est satisfaisant pour tout le monde parce que, souvent, c'est le fait d'en arriver à une entente qui satisfait les parties.

Coopérer et trouver la meilleure solution

Même si parvenir à une entente par la voie des compromis peut être satisfaisant, il existe une meilleure solution encore. Certaines personnes tentent de combler à la fois leurs attentes et celles de leur vis-à-vis tout en améliorant leur relation avec ce dernier. Elles ont choisi la voie de la coopération.

En matière de négociation, coopérer signifie élargir la vision de chaque partie afin de trouver un moyen de satisfaire les ambitions de chacun. Cette attitude suppose le respect des attentes de l'autre et le sentiment qu'il est possible de le satisfaire sans pour autant renoncer à ses propres aspirations.

Si Sylvie décidait d'emprunter la voie de la coopération, elle pourrait, dans un premier temps, présenter la situation à son conjoint de la manière suivante : « Tu souhaites aller en Floride et j'aimerais aller au Mexique. Veux-tu inscrire sur cette feuille pourquoi tu préfères la Floride ? Pendant ce temps, je vais écrire sur une feuille les raisons pour lesquelles j'aimerais que nous allions au Mexique. Quand nous aurons terminé, nous comparerons nos réponses. »

Après cet exercice, Sylvie et son conjoint risquent fort de se rendre compte qu'ils partagent les mêmes aspirations et que, somme toute, c'est Cuba qui les satisferait le plus. La coopération permet d'estomper les positions initiales en insistant sur l'essentiel, c'est-à-dire sur les motivations de chaque partie.

Adopter une attitude de coopération, c'est se libérer de ses positions initiales pour se concentrer sur les motivations et les besoins à l'origine de ces positions. Cette attitude permet de faire deux gagnants et encourage le respect mutuel.

Mais cela veut-il dire que c'est là la meilleure attitude et que vous devriez toujours l'adopter ? Pas nécessairement. Suivant les circonstances, l'importance de la négociation et les habiletés de négociation de votre vis-à-vis, vous devrez vous imposer, vous soumettre, éviter, trouver un compromis ou coopérer. Chaque attitude présente des avantages.

La définition des objectifs

Il peut être tentant, lors de la planification d'une négociation, d'éviter de se fixer des objectifs clairs en se disant : « Je vais faire de mon mieux » ou « J'aurai au moins tenté ma chance ». En agissant de la sorte, vous diminuez l'importance que pourrait avoir à vos yeux un éventuel échec.

Ce genre de réflexion, cependant, vous nuit. Ne sachant pas où vous allez, vous risquez d'émettre des signaux contradictoires et de dissiper vos efforts dans une tentative de persuasion vouée à l'échec. C'est comme si vous tentiez, une loupe à la main, de faire brûler une feuille, mais que vous ne concentriez pas la lumière en un seul point. Un large faisceau de lumière, dans ces circonstances, ne donnera rien, mais bof, vous aurez essayé.

Un bon objectif, par contre, vous permet de focaliser votre énergie et d'influencer le cours des choses. Et tant pis si vous ne réussissez pas la première fois puiqu'un bon objectif vous permet également, à la suite d'une négociation ratée, de faire un bilan et d'identifier ce que vous devrez faire la prochaine fois pour augmenter vos chances de succès.

Un bon objectif devrait être fixé en fonction des résultats à atteindre. Il devrait également être raisonnable, c'est-à-dire tenir compte de votre recherche d'information, des pouvoirs en présence et de l'attitude que vous prévoyez adopter pendant la rencontre. Denis, par exemple, qui souhaite toujours obtenir une augmentation de salaire, pourrait se fixer un des objectifs suivants.

Obtenir une augmentation immédiate de 5 % et s'assurer une prime de performance si ses ventes dépassent 2 millions cette année.

Faire en sorte que son patron réfléchisse à sa requête et lui donne une réponse d'ici à la fin du mois.

Communiquer à son patron son désir de le rencontrer le plus tôt possible pour discuter de sa rémunération et le pousser à fixer une rencontre à ce sujet pour la semaine suivante.

Dans les trois cas, Denis saura après la rencontre s'il a ou non atteint son objectif et il sera en mesure d'évaluer pourquoi. Vous devez absolument vous demander quel objectif vous poursuivez en vous lançant dans une négociation.

Au sujet de vos attentes en début de négociation, n'oubliez jamais ceci : celui qui s'attend à plus récolte plus, et celui dont le niveau d'attente est plus bas obtient moins. Il existe une relation directe entre les attentes et le comportement. Il est donc primordial de prendre conscience de la valeur de ce que vous avez à offrir à votre vis-à-vis. Ne vous contentez pas d'objectifs médiocres.

L'histoire veut que Thomas Edison, tout juste après avoir inventé un nouveau téléscripteur (*stock ticker*), se soit rendu chez des financiers de New York dans l'espoir d'en tirer 4 000 $, somme qu'il considérait importante mais justifiée. Pourtant, nerveux, il hésita quand on lui demanda combien il en voulait. Un financier brisa alors le silence et lui en offrit 40 000 $. Croyez-vous que cette offre lui aurait été faite s'il avait ouvert le jeu en exigeant 4 000 $? Celui qui s'attend à beaucoup obtiendra toujours plus que celui qui s'attend à moins.

Demandez-vous toujours pourquoi le résultat que vous souhaitez obtenir vous importe, pourquoi vous avez choisi cet objectif. Cela vous permettra de découvrir ce qui vous motive et ce qui vous pousse à vous engager dans une négociation. Cette démarche présente plusieurs avantages.

Si vous ne savez pas ce qui vous motive, vous vous en tiendrez à votre position initiale, alors que votre vis-à-vis est peut-être en mesure de combler vos besoins en ayant recours à des moyens auxquels vous n'avez pas pensé.

Connaître vos motivations vous permet d'évaluer, avant de vous lancer dans une négociation, le bien-fondé de votre requête. Cette négociation en vaut-elle la peine ?

Il est impossible d'adopter une attitude de coopération dans une négociation si on ignore les motivations des deux parties.

Connaître vos motivations peut vous aider à boucler des ententes encore plus satisfaisantes. Supposons, par exemple, que Denis souhaite une augmentation de salaire pour amener sa famille en vacances et que son patron lui propose de lui prêter son condominium situé en Floride plutôt que de lui accorder cette augmentation. Du coup, les besoins des deux parties seront comblés. La négociation ne doit pas se faire en fonction des demandes initiales mais en fonction de ce qui motive chacun des négociateurs.

Et ce n'est pas tout! La définition de votre objectif, comme nous l'avons dit, doit avoir deux volets. Vous devez à la fois vous fixer un objectif de négociation et décider du moment où vous annoncerez qu'il y a impasse et que la négociation est terminée.

Trop souvent, des personnes bien intentionnées acceptent des conditions avec lesquelles elles ne pourront pas composer par la suite. Ce n'est que plus tard, quand elles réalisent l'étendue des dégâts, qu'elles regrettent d'avoir apposé leur signature sur un bout de papier.

À quel moment direz-vous non? Sous quel seuil regretteriez-vous d'avoir accepté une entente? Voici quelques paramètres qui vous aideront à le savoir.

Quelles conditions, reliées à une entente, pourraient brimer vos valeurs? Par exemple, vous pourriez refuser de vendre à un nouveau client si cela devait nuire à un de vos bons clients ou si cela devait se faire dans l'illégalité. C'est tout de suite que vous devez identifier les balises qui vous aideront à naviguer pendant la négociation.

À combien s'établit votre marge bénéficiaire minimale? Il peut être tentant de signer n'importe quoi pour réduire le stress de la négociation, mais vous devrez par la suite vivre avec les conséquences de cette signature. N'acceptez pas de conditions qui vous rendront la vie difficile et vous feront craindre les fins de mois.

Quelles sont vos capacités de production? Rien ne sert de vous engager à produire une centaine d'unités par semaine si votre capacité de production est de 25. Tout ce que vous aurez gagné à la fin de cette négociation, c'est un ulcère d'estomac.

Si vous savez d'emblée à quel moment vous devrez renoncer à la négociation, vous éviterez les « j'aurais donc dû ». Vous saurez quand annoncer la fin des négociations et vous augmenterez ainsi le respect que votre vis-à-vis a pour vous.

Finalement, si l'enjeu de la négociation est particulièrement important et si vous craignez de montrer votre anxiété à votre vis-à-vis, vous aurez intérêt *à prévoir une solution de rechange réaliste.* Si vous savez, avant le début de la négociation, que vous avez d'autres options et qu'une impasse n'est pas la fin du monde, vous serez confiant, marquerez des points et imposerez votre opinion. Par contre, si cette négociation est votre seul choix, votre nervosité sera sans doute visible et l'autre partie tentera peut-être d'en profiter. Vous devriez donc amorcer toute négociation en ayant déjà une réponse à la question suivante : que vais-je faire si ça ne fonctionne pas ?

L'élaboration de la stratégie centrale

Selon les chercheurs, il existe deux façons d'influencer les gens : de manière centrale ou périphérique. Avant d'aborder la stratégie centrale, prenons quelques instants pour comprendre la différence entre ces deux stratégies.

Il est flatteur de penser que l'homme est un animal rationnel, qui agit après mûre réflexion. Mais il est plus réaliste de dire que l'homme est un animal qui raisonne et trouve des justifications à ses gestes APRÈS les avoir faits. Quand on y pense, il n'y a à cela rien de surprenant.

Nous sommes constamment bombardés d'information. Chacun de nous se trouve annuellement en contact avec plus d'information que n'en traitait un être humain dans toute sa vie il y a un siècle. Il n'est donc pas étonnant que nous nous sentions parfois noyés dans tous ces renseignements : nous ne disposons pas de la capacité cognitive à traiter la totalité de l'information que nous rencontrons.

Pour compenser, nous nous sommes dotés de mécanismes qui traitent l'information sans que nous ayons à intervenir consciemment. Ainsi, vous pouvez être influencé par une publicité diffusée à la télévision pendant que vous préparez un repas. À ce moment, vous ne prenez pas la peine de vous demander si les arguments présentés sont fondés ou si le slogan a du sens. Le message passe. Si ce n'est pas à la première écoute, ce sera peut-être à la cinquième.

Plus tard, quand vous aurez acheté le produit annoncé, vous utiliserez la raison pour justifier votre achat, mais l'achat, lui, n'aura pas été effectué de façon réfléchie.

Dans une négociation, vous vous devez de disposer d'une stratégie centrale, c'est-à-dire d'une stratégie logique permettant à un interlocuteur soucieux de bien évaluer votre offre de prendre une décision éclairée.

Si vous souhaitez optimiser vos chances de succès, vous devez également vous doter d'une stratégie périphérique, c'est-à-dire d'une stratégie qui vous permettra d'influencer votre vis-à-vis même si celui-ci ne souhaite pas investir trop de ressources cognitives dans la rencontre.

Quelle stratégie est la plus importante, la centrale ou la périphérique ? La réponse est : ni l'une ni l'autre. Les deux se complètent très bien. Mais, si nous allons plus loin, nous pouvons dire que, si la négociation est peu importante aux yeux de votre vis-à-vis, il se laissera davantage influencer par votre stratégie périphérique. Par contre, si la négociation est très importante pour lui, il s'investira plus et sera surtout influencé par votre stratégie centrale. Une bonne planification implique de se préparer sur les deux fronts, la stratégie périphérique venant appuyer la stratégie centrale.

Passons maintenant à l'élaboration de la stratégie centrale. Pour la concevoir, vous aurez besoin d'un tableau comme celui-ci.

STRATÉGIE CENTRALE			
Ce que vous voulez	Ce que votre cible y gagnera	Ce que vous avez en commun	Structure de votre présentation

Vous avez déterminé, à l'étape précédente, quel était votre objectif. Utilisez la première colonne du tableau pour résumer ce que vous attendez de la négociation en utilisant les mots que vous choisiriez pour répondre à la question suivante, si elle était posée par votre vis-à-vis : « Qu'est-ce que tu veux au juste ? »

Dans la deuxième colonne, inscrivez ce que votre vis-à-vis gagne à vous dire oui. Pour répondre à cette question, consultez les notes que vous avez prises à la deuxième étape de votre planification. Utilisez à la fois des résultats concrets et des bénéfices.

Par exemple, le patron de Denis, s'il accepte de lui consentir une augmentation de salaire (ou de lui prêter son condominium en Floride), pourra compter sur des bénéfices concrets (augmentation du rendement de son employé), lesquels génèreront à leur tour des bénéfices (augmentation de la rentabilité du département et amélioration de l'évaluation du rendement du directeur).

Remplissez cette colonne en imaginant que votre vis-à-vis vous demande : « C'est bien beau, ton affaire, mais qu'est-ce que j'y gagne moi ? »

Dans la troisième colonne, indiquez les points communs que vous avez avec votre cible. Vous pouvez la compléter de plusieurs manières.

Vous pouvez y inscrire les aspirations que vous partagez, sans considérer la négociation. Par exemple, Sylvie et son conjoint souhaitent tous deux passer de belles vacances, se retrouver en dehors de la routine et revenir en pleine forme pour pouvoir reprendre le travail. Ce sont des aspirations qu'ils partagent et qu'ils continueront de partager, qu'il y ait ou non négociation.

Vous pouvez également y inscrire les objectifs communs que vous et votre vis-à-vis pourriez atteindre si la négociation est couronnée de succès. Par exemple, Denis et son patron aimeraient tous deux que les ventes de Denis augmentent pour que leurs situations personnelles respectives s'en trouvent améliorées. Cela peut constituer le thème de la rencontre.

Mentionnons qu'à ce stade, ce que vous inscrivez dans la troisième colonne ne peut être que de l'ordre de l'intuition. C'est à une étape ultérieure (chapitre 9) que vous pourrez vous assurer de la justesse de l'idée que vous vous faites des motivations de votre vis-à-vis.

Si vous n'avez aucun objectif en commun avec votre interlocuteur, il sera très difficile de mener à bien une négociation qui ne saurait être profitable qu'à un seul des protagonistes. Pourquoi, alors qu'il a tant à faire, l'autre se lancerait-il dans une négociation où il n'a rien à gagner ?

Comment Sylvie pourrait-elle arriver, autrement que par la menace, à convaincre son conjoint de pencher pour le Mexique s'il n'est même pas question pour lui de prendre des vacances.

La quatrième colonne, finalement, vous permettra de déterminer comment vous allez aborder le sujet et présenter votre argumentation. N'oubliez pas, avant de la remplir, de relire la section du chapitre 5 qui traite de l'élaboration de l'argumentation.

Il existe plusieurs **façons de présenter un point de vue** et de lancer une négociation. Nous vous en présentons **4**.

1. *Vous pouvez décider d'écouter.* C'est le mieux à faire si c'est votre vis-à-vis qui a demandé à vous rencontrer et que vous ignorez sa position initiale. Dans ce cas, ce que vous inscrivez dans le tableau vous servira lors de la négociation proprement dite.

2. *Vous pouvez choisir de présenter un problème,* puis la solution que vous préconisez. C'est ce que vous ferez si votre vis-à-vis n'est pas conscient du problème que vous tentez de régler. En lui en faisant prendre conscience, vous l'inciterez à continuer à vous écouter.

3. *Il arrivera également que vous présentiez votre solution,* suivie du problème que vous souhaitez régler. C'est la meilleure façon de procéder si votre vis-à-vis est conscient du problème à l'étude. Dans ce cas, vous avez déjà son attention. Il se peut qu'il vous coupe la parole quand vous exposerez votre vision du problème. Demandez-lui alors de vous expliquer sa vision pour vous assurer que vous parlez bel et bien de la même chose.

4. *Vous pouvez, enfin, présenter votre solution* sans évoquer le problème. Cette méthode est utilisée quand on aborde une idée de façon exploratoire. Vous vous présentez et vous commencez ainsi : « J'ai eu une idée et j'aimerais avoir votre avis. » C'est la meilleure

approche si votre opinion n'est pas encore arrêtée et que vous continuez à recueillir de l'information.

Après cette étape, vous savez comment présenter efficacement votre point de vue. Il vous reste, avant de passer à la rencontre, à développer une stratégie périphérique efficace.

L'élaboration de la stratégie périphérique

La stratégie périphérique, dont nous allons maintenant vous présenter de nombreuses facettes, ne doit pas être utilisée sans une bonne stratégie centrale. Elle vient en effet renforcer votre stratégie centrale en influençant votre vis-à-vis et en provoquant chez lui des réactions quasi automatiques.

Une stratégie périphérique peut comporter un ou plusieurs des sept éléments suivants : le contraste, la réciprocité, l'engagement, la preuve sociale, la rareté, l'autorité et la raison. Nous aurions pu y ajouter l'appréciation, mais puisque cet aspect a fait l'objet du chapitre 3, nous supposons que vous le connaissez.

Éléments potentiels de la stratégie périphérique

Le contraste	La réciprocité
L'engagement	La preuve sociale
La rareté	L'autorité
La raison	

Le contraste (« C'est vrai que c'est intéressant ! »)

Les gens perçoivent en contexte, pas uniquement en fonction de l'élément perçu. Nous avons présenté, dans notre ouvrage *La guerre des prix n'aura pas lieu*, de multiples raisons expliquant pourquoi un prix est considéré comme exagéré ou comme très bon suivant le contexte.

De même, si vous faites une présentation et que la personne qui vous a précédé a été mauvaise, votre présentation paraîtra mieux. Gare à vous, cependant, si la personne qui vous a précédé était particulièrement efficace !

Il existe plusieurs **façons d'exploiter le contraste** dans une stratégie périphérique. Nous vous en présentons **4**.

1. *Un prix de départ élevé,* sur lequel une concession est possible en chemin, vous permettra de faire paraître le prix final plus raisonnable aux yeux de votre vis-à-vis. Mais prenez garde de ne pas trop exagérer votre prix de départ, car votre crédibilité en prendrait un coup.

2. *Si vous négociez avec un expressif* et que vous utilisez des mots chargés d'émotion quand vous parlez de votre proposition, et un langage plus technique quand vous présentez l'autre solution, votre vis-à-vis aura tendance à pencher vers la solution que vous préconisez.

3. *Ne vous contentez pas de mentionner platement* un avantage de votre proposition ; mettez cet avantage en perspective avec un inconvénient de l'autre solution ou avec le *statu quo.* Faites ressortir les avantages de votre option en les comparant à ce qu'offrent des solutions moins intéressantes.

4. *Vous avez probablement déjà vu au cinéma* une scène où un policier brutal menace un prévenu, tandis qu'un autre policier, désireux de calmer son confrère, lui dit : « Ne t'énerve pas, Harry ! Va plutôt nous chercher un café... Je vais discuter avec notre ami. » Une fois le méchant policier parti, le bon policier arrache des aveux au prévenu parce que ce dernier ne veut plus avoir affaire au méchant policier. Cette technique est souvent utilisée par les négociateurs. En affaires, nombre de collaborateurs l'utilisent tous les jours : l'un d'eux fait une concession que l'autre s'empresse de trouver exagérée.

Certain d'avoir obtenu les meilleures conditions, le client s'empresse de dire oui.

Sylvie, pour sa part, a identifié trois éléments de contraste qu'elle utilisera pour convaincre son conjoint : la température moyenne en janvier est plus élevée au Mexique qu'en Floride, le taux de change est plus intéressant si le couple choisit le Mexique et, finalement, le dépaysement y sera plus grand.

Chaque fois que vous intégrez le contraste à votre stratégie périphérique, vous modifiez la perception qu'a votre vis-à-vis de votre proposition.

La réciprocité (« Je vous dois bien ça ! »)

Les êtres humains, quand on leur donne quelque chose qui a de la valeur pour eux, se sentent en dette et ressentent le besoin d'offrir quelque chose en retour. Ainsi, si un collègue vous rend un grand service, vous aurez du mal à lui en refuser un par la suite. De quoi auriez-vous l'air ?

En négociation, il est possible d'utiliser la réciprocité de **trois façons** : par le jeu des concessions, l'utilisation judicieuse de cadeaux ou le respect. Voyons de quoi il en retourne.

Beaucoup de personnes adoptent, au début d'une rencontre, une **attitude de compromis**. Pour elles, une bonne négociation est une négociation où chacun fait son bout de chemin vers un point central, lequel représente l'objet de l'entente. Pour ces personnes, si je demande 90 $ pour un produit et qu'on m'en offre 80 $, une bonne négociation suppose que l'entente se fasse sur 85 $.

Mais qu'en est-il si votre position initiale correspond à votre seuil minimal acceptable ? Vous vous retrouverez vite dans l'impossibilité de faire une concession et vous déplairez à votre vis-à-vis. En négociation, les gens s'attendent à des compromis. Si vous leur en offrez, ils se sentiront obligés de vous en offrir en retour.

Par conséquent, il est bon de gonfler votre position initiale afin d'avoir quelques concessions à faire pendant la négociation. Il est d'ailleurs encore plus intéressant de pouvoir offrir des concessions qui ne coûtent rien. Par exemple, un fournisseur offrait à ses clients de meilleurs prix si ceux-ci achetaient à la douzaine, mais il avait convenu avec ses vendeurs qu'un client achetant une demi-douzaine d'unités pouvait obtenir un meilleur prix. L'effet sur la clientèle aurait été différent si le meilleur prix avait été offert à la demi-douzaine.

Demandez-vous quel type de concession vous ferait plaisir si vous étiez à la place de votre vis-à-vis. Quand ce sera fait, demandez-vous si vous pouvez gonfler votre position initiale de façon à la lui offrir.

Nous ne traiterons pas davantage des concessions, puisque ce sera un des principaux sujets du chapitre 10. Contentons-nous de répéter qu'il est dangereux de se présenter les mains vides, sans rien à offrir en échange des concessions qu'on demandera.

L'autre élément qui oblige un vis-à-vis à la réciprocité est le **cadeau**. Par cadeau, nous n'entendons pas uniquement les biens emballés pour être offerts. Une information confidentielle ou un rapport jetant un éclairage nouveau sur la négociation sont autant de cadeaux encourageant la réciprocité.

Les vendeurs utilisent depuis toujours le cadeau. Le maraîcher fait goûter ses tomates au marché, le consultant offre des évaluations gratuites, le fabricant de produits nettoyants envoie des échantillons, un fournisseur offre des calendriers ou d'autres objets promotionnels rappelant tout le long de l'année à quel point il vaut la peine d'être encouragé, un autre offre des billets pour un spectacle ou une partie de hockey, etc.

En affaires, de nombreux succès reposent d'ailleurs sur ce principe. Quand les experts en marketing parlent de fidélisation, ils font référence à la tension de réciprocité créée lorsqu'une entreprise offre à son client plus qu'il n'est stipulé dans le contrat. Fidéliser, c'est susciter la réciprocité.

Voyez ce que vous possédez et qui pourrait avoir de la valeur aux yeux de votre vis-à-vis. Que pourriez-vous lui offrir pour qu'il se sente en dette envers vous ? Il vaut mieux trouver une réponse à cette question pendant que vous préparez la négociation.

Le **respect** constitue le dernier élément permettant de créer une tension de réciprocité. Les gens ne sont pas habitués à être respectés. Ils parlent et on ne les écoute pas. Ils expriment leur désaccord et on ignore leur opinion. Il n'est donc pas étonnant que, lorsqu'on fait preuve de respect à leur égard, ils perçoivent cela comme un cadeau.

Si vous acceptez l'opinion de votre vis-à-vis sans la ridiculiser, que vous prenez le temps de l'écouter et que vous lui permettez de vivre les émotions qu'il éprouve, vous faites preuve de respect et il vous retournera l'ascenseur d'une manière ou d'une autre.

Pour sa part, voici comment Sylvie a décidé d'utiliser la réciprocité pour convaincre son conjoint : elle lui préparera demain soir un souper mexicain qu'elle lui servira dans une ambiance romantique. De plus, elle s'engagera à se rendre en Floride l'an prochain. Elle utilisera donc le cadeau (le souper romantique) et la concession (la Floride l'an prochain).

L'engagement (« Maintenant que j'y suis... »)

Nous avons vu, au chapitre 6, que chacun a de lui une image dont il tire son estime et qui lui sert à prendre des décisions. Ainsi, si on suggère à un vis-à-vis de poser un geste illégal, et que l'image qu'il entretient de lui est très respectueuse des lois, il rejettera la suggestion. S'il disait oui, il devrait reconsidérer et reconstruire son image.

L'Américain Edgar Schein, chercheur en management au Massachusetts Institute of Technology (MIT), s'est demandé comment il se faisait que, pendant la guerre de Corée, certains prisonniers américains avaient collaboré avec l'ennemi, éventant les projets d'évasion et adoptant peu à peu des convictions anticapitalistes. Ses découvertes sont lourdes de conséquences pour tous ceux qui souhaitent améliorer leur performance en tant que négociateurs.

Schein, à qui on doit l'expression « lavage de cerveau », a découvert que ces soldats ont été graduellement convaincus de collaborer. Par exemple, les chefs du camp organisaient un concours d'écriture sur les vertus du capitalisme. Les auteurs des meilleurs essais gagnaient une cigarette. Rapidement, tous les prisonniers se mettaient au travail, contents de pouvoir convaincre leurs geôliers des avantages du capitalisme et anticipant avec délectation la cigarette qu'ils recevraient en prime. Plusieurs gagnants étaient ensuite choisis et chacun avait droit à son prix.

Quelques jours plus tard, un autre concours était organisé. Cette fois, le sujet était le suivant : « Vous nous avez dit dans votre texte précédent que le capitalisme était préférable au communisme. Vos textes étaient très bons mais, tout de même, le capitalisme doit avoir certaines faiblesses. Faites-nous-en part. »

Les gagnants, encore une fois, recevaient une cigarette mais, en outre, des extraits de leurs textes étaient lus aux autres prisonniers. Du coup, les prisonniers gagnants prenaient connaissance du fait qu'ils étaient devenus des collaborateurs. Ayant reconstruit leur image personnelle en lui intégrant cette nouvelle donnée, ils se sentaient alors tenus d'agir en conséquence.

Ce genre d'effet peut être provoqué, à un degré moindre, chez vos vis-à-vis. Il suffit d'ajouter quelques éléments d'engagement à votre stratégie périphérique. Ceci peut être accompli de plusieurs façons.

Vous pouvez utiliser la **prise de position.** Par exemple, en faisant confirmer à son client le fait qu'il cherche un produit de qualité, un vendeur arrivera à lui vendre un produit plus cher. De quoi aurait en effet l'air le client s'il se contentait d'un produit bon marché après s'être positionné comme étant un acheteur exigeant ?

Vous pouvez également utiliser la **visualisation.** Cette méthode suppose que vous utilisiez un vocabulaire qui éveille des images dans l'esprit de votre vis-à-vis et qui lui fait ressentir les émotions qu'il éprouvera une fois l'entente conclue.

La **technique des premiers pas** est également intéressante. Vous demandez simplement à votre vis-à-vis de faire un premier pas vers votre solution soit en la testant une semaine, soit en rencontrant une personne qui appuie ce que vous dites, soit en se renseignant davantage. De la même façon que les prisonniers de Schein, votre vis-à-vis réalisera bientôt avec surprise qu'il envisage de dire oui à votre proposition.

Sylvie, pour sa part, a eu recours à deux de ces outils. Dans un premier temps, elle a demandé à son conjoint de prendre position et de confirmer qu'il souhaitait passer de belles vacances. Elle a ensuite utilisé la technique des premiers pas en lui demandant de feuilleter avec elle des brochures sur le Mexique, sachant qu'il ne manquerait pas de s'imaginer rêvant sur la plage ou s'empiffrant à de somptueux buffets.

D'autres techniques, plus douteuses, peuvent également être rangées dans cette catégorie. L'une d'elles, connue sous le nom de **low-balling**, consiste à offrir à votre vis-à-vis une concession pour qu'il s'investisse dans la transaction, puis de la lui retirer.

Par exemple, un vendeur de voitures commet intentionnellement une erreur en annonçant le prix d'un modèle, ce qui fait immédiatement grandir l'intérêt de son client, qui lui annonce qu'il est preneur.

Ensemble, ils remplissent le contrat et la demande de financement puis, avant de finaliser la transaction, le vendeur annonce qu'il doit faire approuver le tout par son directeur des ventes. Or, horreur ! le directeur découvre l'erreur du vendeur !

Que fait le client ? Il y a fort à parier que la rédaction du contrat et de la demande de financement constitue pour lui un tel investissement qu'il s'accommodera du nouveau prix et acceptera la transaction.

La preuve sociale (« Si les autres le font... »)

Les êtres humains, quand ils doivent prendre une décision mais ignorent tous les éléments du problème, hésitent souvent à poursuivre leur recherche et préfèrent simplement adopter le comportement des autres.

Si votre vis-à-vis hésite, donnez-lui le nom d'une personne (réputée ou qu'il aime bien) qui, dans des circonstances similaires, a choisi la voie que vous proposez. Cela modifiera l'opinion de votre vis-à-vis.

Voici quelques façons d'utiliser la preuve sociale pour faire pencher votre vis-à-vis en faveur de votre proposition.

Le témoignage oral. Vous travaillez dans une librairie et un client vous demande si tel volume vaut la peine d'être lu. Vous répondez : « Justement, Mireille, une de mes collègues, vient tout juste de le finir. Mireille! Pourrais-tu nous parler de... » Si Mireille témoigne en faveur du livre, il y a de fortes chances que le client l'achète.

Le témoignage écrit. Si vous avez en votre possession des témoignages appuyant ce que vous soutiendrez à votre vis-à-vis, assurez-vous de les avoir à portée de la main lors de votre rencontre.

L'anecdote. Utilisez l'anecdote pour expliquer à votre vis-à-vis que sa situation vous rappelle celle d'une personne qui devait prendre le même genre de décision que lui et qui a emprunté, avec succès, la voie que vous préconisez. L'anecdote sera encore plus efficace si vous invitez votre vis-à-vis à contacter la personne en question.

Le positionnement sur le marché. S'il est notoire que votre solution est la plus courue, la plus populaire, faites-le savoir le plus rapidement possible.

Sylvie, pour sa part, a décidé d'inviter à souper ce couple d'amis qui a passé ses vacances au Mexique l'an dernier. Elle n'a pas oublié de leur demander d'apporter leurs photos!

Cet autre élément à ajouter à votre stratégie périphérique illustre à merveille la différence qui existe entre une stratégie périphérique et une stratégie centrale. En effet, sans stratégie centrale, l'utilisation de ces arguments peut facilement être contrecarrée. Si Sylvie, par exemple, avait mentionné à son conjoint qu'elle souhaitait se rendre au Mexique parce que leur couple d'amis y était allé l'an dernier, il aurait pu lui dire que ce n'était pas là une raison suffisante pour changer de destination pour leurs vacances.

Votre mère vous a-t-elle déjà demandé, lorsque vous étiez petit : « Et si Pierre allait se jeter dans la rivière, est-ce que tu t'y jetterais également? Ce n'est pas parce que les autres font quelque chose que tu dois le faire toi aussi.» Elle n'avait pas tort.

La rareté («Alors pressons-nous!»)

L'être humain réagit rapidement à la rareté. C'est comme s'il existait encore en chacun de nous un chasseur préhistorique qui cherchait à mettre la main sur une chose dès que celle-ci est en quantité limitée. Après tout, si nous n'attrapons pas le cerf qui passe, le clan voisin le fera — et ses membres mangeront tandis que nous jeûnerons.

La rareté se présente sous deux formes: il peut s'agir d'une chose disponible en quantité limitée ou d'une chose qui deviendra inaccessible si l'on ne réagit pas promptement. Dans les deux cas, il y a décharge d'adrénaline, et nous nous lançons dans la course. Ces comportements peuvent être observés tous les jours mais rappelons-en quelques-uns.

➣ En 1983, la compagnie Coleco fit un tabac avec ses poupées Bout-de-chou. On pouvait voir à la télévision des consommateurs se battre pour ces jouets, et certaines personnes n'hésitaient pas à payer plusieurs centaines de dollars à l'encan pour offrir à leurs enfants ces poupées qui se vendaient moins de 30 $ au détail.

➣ En 1999, les bulletins de nouvelles annonçaient aux Québécois que, si la tendance se maintenait, les quincailleries de la province manqueraient sous peu de lumières extérieures en forme de glaçons. Dès le lendemain, les consommateurs se précipitaient et, effectivement, il y eut pénurie.

➣ À la fin des années 80, un livre dont l'auteur avait vu sa tête mise à prix par un leader religieux s'envola des tablettes en un temps record, créant ainsi un succès commercial avec un livre qui ne se serait probablement jamais retrouvé sur la liste des best-sellers. La rareté appréhendée, si le volume était retiré des rayons, avait transformé l'ouvrage en pièce de collection.

Comment intégrer la rareté à votre stratégie périphérique? Voici quelques moyens.

Dans un premier temps, vous pouvez utiliser une **date limite** si votre offre ne peut être respectée après un certain délai. La date limite peut être très efficace si elle dépend de quelque chose qui n'est pas trop arbitraire (une autre offre que vous attendez, des instructions précises de la part de votre supérieur, le moment où vous ferez quelque chose qui annulera votre offre, etc.).

En situation de vente, vous pouvez également miser sur la **quantité limitée.** Un inventaire qui baisse ou un carnet de commandes qui se remplit peuvent inciter un vis-à-vis à accepter votre offre.

Vous pouvez aussi miser sur la **spécificité** de votre option. Si votre vis-à-vis prend conscience des avantages que vous lui proposez et que vos concurrents ne peuvent lui offrir, la valeur de votre offre grimpe immédiatement.

Tout ce qui est rare a davantage de valeur. Si vous pouvez incorporer à votre stratégie périphérique des éléments de rareté, la négociation sera plus facile à conduire.

Sylvie a communiqué avec l'agence de voyages et a appris qu'à la date où elle et son conjoint souhaitent partir, il ne reste que huit places sur l'avion de Puerto Vallarta. Il est temps de se décider...

L'autorité (« Si c'est lui qui le dit... »)

Rappelez-vous votre enfance et l'attitude que l'on vous a enseignée envers l'autorité. Il vous fallait écouter vos professeurs, sinon... Il vous fallait écouter la gardienne, sinon... Il vous fallait être poli avec les voisins, sinon...

Vous avez intégré ces leçons et, aujourd'hui, il vous est difficile de remettre en question ce qu'une personne jouissant d'une quelconque autorité raconte. Après tout, si elle ne savait pas de quoi elle parle, elle n'aurait pas le titre qu'elle a, et si elle n'avait pas réussi en affaires, elle ne conduirait pas cette automobile et elle ne vous recevrait pas dans des locaux aussi luxueux...

Comment intégrer cet élément à votre stratégie périphérique? Vous pouvez y arriver de plusieurs façons.

Les citations d'experts. Si une citation d'un expert reconnu a été rapportée dans un média, munissez-vous d'une copie en vue de la rencontre. Ce peut être l'argument qui fera pencher la balance en votre faveur.

Les citations de personnes respectées par la cible. Si vous savez qu'une personne que votre cible respecte partage votre opinion, assurez-vous de le lui dire pendant la négociation. En autant, bien entendu, que vous puissiez prouver vos dires.

Des rapports statistiques. Si un organisme réputé a publié des statistiques prouvant vos dires, assurez-vous de pouvoir y référer.

Les honneurs. Si un organisme quelconque vous a remis un trophée ou vous a décerné une mention honorable pour le produit que vous proposez, dites-le! Ces organismes sont considérés comme impartiaux et ce qu'ils disent est respecté.

Pour d'autres idées, relisez le chapitre portant sur la crédibilité. Votre formation et vos réalisations antérieures sont autant de preuves que vous savez de quoi vous parlez et, donc, que vous êtes une autorité.

Sylvie, elle, a découpé dans le journal de la fin de semaine l'avis d'un expert reconnu en voyages. Celui-ci y donnait son appréciation pour le club vacances de Puerto Vallarta.

La raison (« Dans ce cas… »)

Une autre technique déclenche une réaction automatique chez la majorité des gens. Quand vous demandez quelques chose, dites pourquoi. Si vous avez une raison, vos chances d'obtenir ce que vous voulez sont plus grandes. Pour illustrer ce propos, laissez-nous vous raconter l'expérience qu'Ellen Langer, professeure de psychologie à l'université Harvard, a menée sur le campus.

L'expérience s'effectuait en trois étapes. Dans un premier temps, un complice devait s'approcher d'un étudiant occupé à effectuer des photocopies et lui demander : « Excusez-moi, puis-je utiliser la photo-copieuse ? » Que répondriez-vous à une telle requête ? Un peu plus de la moitié des personnes ont répondu par l'affirmative.

Dans un deuxième temps, une raison était ajoutée à la requête : « Excusez-moi, puis-je utiliser la photocopieuse ? Je suis très pressé ! » Dans ce cas, 94 % des gens ont accepté de laisser leur place.

Dans un troisième temps, l'expérience était reprise, mais la raison de la requête était peu valable : « Excusez-moi, puis-je utiliser la photo-copieuse ? Je dois faire des photocopies. » Malgré la faiblesse de la rai-son invoquée, près de 93 % des gens ont laissé leur place.

Le simple fait d'avoir une raison à donner semble garantir la validité de cette raison. Dès que l'être humain entend « parce que... », il suppose que la raison est valable et cesse d'écouter.

Est-ce étonnant ? Combien de personnes ont grandi en recevant souvent pour unique réponse le fameux « parce que » ? Il est normal que nous ayons fini par développer ce genre d'automatisme.

Si vous êtes parent et que vous souhaitez que vos enfants soient plus tard de bons négociateurs, apprenez-leur à ne pas se contenter d'un simple « parce que » quand ils posent une question.

Quand vous préparez une négociation, n'oubliez pas de prévoir une bonne raison pour chacune des requêtes que vous ferez à votre vis-à-vis.

8 ❯ Créer un climat propice à la négociation

Une bonne manière d'entreprendre ce chapitre est de réviser ce que vous avez noté ou surligné au cours de la lecture du chapitre 3. Rappelons que les gens préfèrent dire oui aux personnes qu'ils apprécient, et qu'ils n'ont aucun problème à dire non aux gens qui les énervent.

Les premiers moments de la rencontre sont donc très importants. Si vous devez négocier avec une personne que vous connaissez depuis longtemps et qui vous apprécie, créer un climat propice à la négociation devrait être relativement facile. Cela dépendra de la nature des enjeux et de la raison de la négociation.

Par contre, si c'est la première fois que vous rencontrez votre vis-à-vis, vous devrez faire très attention au cours des premières minutes. Votre vis-à-vis sera à l'affût de vos moindres gestes. Rappelez-vous qu'à ce moment, il essaie de déterminer si vous êtes crédible, c'est-à-dire si vous êtes à la fois compétent (que vous savez de quoi vous parlez) et digne de confiance.

11 conseils pour qu'on vous apprécie

Si vous avez bien préparé votre rencontre, la confiance ne devrait pas vous faire défaut. (C'est la raison pour laquelle le chapitre consacré à la planification de la négociation est aussi long.) Une fois que vous serez prêt, les autres étapes vous paraîtront simples. Si vous êtes mal préparé, elles constitueront pour vous autant d'occasions d'être en position de faiblesse.

Nous supposerons que vous êtes prêt. Prenez maintenant connaissance des **11 conseils** suivants pour vous assurer que votre vis-à-vis vous appréciera dès le début de la rencontre.

1. *Dites-vous que votre vis-à-vis est la personne la plus importante* que vous rencontrerez aujourd'hui. Si vous ne le faites pas, votre énergie ne sera pas uniquement dirigée vers lui et vous ferez moins bonne impression. À quoi bon penser à votre rendez-vous suivant ou au souper? Vous ne pouvez rien y faire pour le moment et vous aurez amplement le temps d'y penser après la rencontre. Pour l'instant, investissez-vous à fond dans le rendez-vous et évacuez de votre esprit tout ce qui y est étranger. Votre vis-à-vis le sentira et vous appréciera davantage.

2. *Souriez.* Même si vous êtes nerveux et doutez de votre capacité à convaincre votre interlocuteur, un sourire lui signifiera que vous avez confiance en vous et que c'est avec plaisir que vous envisagez cette rencontre. Si vous ne souriez pas, votre interlocuteur pensera que vous êtes nerveux, que vous doutez de vous et que vous êtes prêt à offrir de nombreuses concessions pour sortir vivant de la rencontre.

   Le sourire a également un autre avantage. En souriant, vous vous sentirez davantage en confiance. Les gestes et les sentiments sont intimement liés les uns aux autres. En jouant les négociateurs confiants, vous améliorez effectivement votre confiance.

3. *Faites votre entrée sans hésitation.* Votre vis-à-vis n'est pas un mourant qu'il faut ménager. Entrez en vous disant que vous avez votre place dans ce lieu et que vous y aurez du succès. Offrez votre main avec conviction. Assurez-vous de ne pas broyer la sienne et qu'il n'ait pas l'impression de mettre la main dans de la gélatine. Ne serrez pas uniquement ses doigts. C'est une vraie poignée de main que vous devez offrir.

N'oubliez pas votre objectif. Votre présence en ces lieux n'est pas accidentelle. Votre énergie doit être dirigée vers votre objectif. Si vous le perdez de vue pendant la rencontre, vous serez surpris, en rentrant chez vous, d'avoir l'impression d'être passé à côté de quelque chose.

4. *En serrant la main de votre interlocuteur,* assurez-vous de voir la couleur de ses yeux. Ce conseil peut vous sembler étrange, mais vérifier la couleur des yeux de votre interlocuteur vous assurera un bon contact visuel. Si vous avez tendance à avoir un regard fuyant, cela vous aidera tout de même à établir un bon contact.

5. *Si c'est votre première rencontre,* regardez-vous dans le miroir avant de foncer. Êtes-vous prêt ? Sachez qu'en pénétrant sur son territoire, vous devenez vulnérable. Avez-vous l'air de ce que vous prétendez être ? Si vous êtes consultant en qualité totale, ressemblez-vous à l'image que se fait votre vis-à-vis d'un tel spécialiste ? Avant même que vous ouvriez la bouche, il se sera fait une idée de votre compétence.

6. *Prononcez son nom.* Le nom de votre vis-à-vis est important pour lui. Chaque fois que vous l'utilisez (évitez de sombrer dans la caricature), vous le tirez de ses pensées et le ramenez à la réalité. Vous le replacez en mode « écoute ». Vous avez donc intérêt à utiliser son nom chaque fois que vous dites quelque chose d'important.

7. *Remerciez-le pour le temps qu'il vous accorde.* Si cette personne a accepté de vous rencontrer, elle mérite d'être remerciée. Nous sommes tous sollicités à droite et à gauche. Le simple fait que cette personne vous rencontre signifie qu'elle est intéressée par votre projet. Cela vaut bien un remerciement. Rappelez-vous que le respect engendre le respect.

8. *Dites quelque chose de positif.* Rappelez-vous que les gens préfèrent les personnes qui ont quelque chose de positif à raconter. Ne commencez pas en vous plaignant de la température ou de l'embouteillage qui est cause de votre retard. Vous n'aviez qu'à être à l'heure !

9. *Écoutez !* Si vous souhaitez paraître intéressant, écoutez votre vis-à-vis parler ! Un dicton veut que, si Dieu nous a donné deux oreilles et une bouche, c'est pour écouter deux fois plus qu'on parle. Au besoin, relisez le chapitre 6.

10. *S'il n'est pas seul, présentez-vous.* Il arrivera que votre vis-à-vis ne soit pas seul. Ne courez pas le risque qu'il oublie de vous présenter ses compagnons. Présentez-vous et tentez de retenir leurs noms (notez-les au besoin). Vous serez ainsi beaucoup plus à l'aise pendant la négociation.

11. *Ne l'offensez pas !* Ce conseil ne devrait pas figurer dans cette liste, mais nous avons quand même décidé de l'y mettre. Ne bâillez pas pendant que votre vis-à-vis parle, ne vous curez pas les ongles, ne vous grattez pas. Bref, ne faites rien qui pourrait diminuer l'estime qu'il a pour vous.

Les premiers instants d'une rencontre sont décisifs. C'est à ce moment que votre vis-à-vis se fait une opinion de vous et choisit les filtres qu'il utilisera par la suite pour interpréter ce que vous dites. Si vous faites rapidement bonne impression, ces filtres ne constitueront pas un gros obstacle par la suite.

Si la rencontre a lieu sur votre terrain, accueillez votre vis-à-vis avec empressement et faites-lui sentir que vous êtes heureux de le rencontrer. Suivez également les conseils qui précèdent.

« Prenez place, je vous prie » (Mais où ?)

S'il n'y a que deux sièges et que votre vis-à-vis vous indique où vous asseoir, vous n'avez guère le choix. Prenez place. Si vous avez un certain contrôle sur cette variable, retenez les conseils suivants.

Si vous avez décidé d'imposer votre point de vue, placez-vous **face** à votre interlocuteur et, si possible, choisissez un siège **plus élevé** que le sien. Il devinera rapidement qui doit avoir le dessus dans cette négociation.

Si la rencontre a pour but d'échanger de l'information, assoyez-vous **face** à lui et, idéalement, à la **même hauteur.**

Si vous souhaitez coopérer et trouver ensemble une solution à un problème commun, vous y arriverez plus facilement si vous êtes assis **du même côté** de la table ou si vous en partagez un coin.

Si vous êtes un homme et que la rencontre a lieu dans un lieu public, il est préférable de partager le **coin** d'une table plutôt que d'être assis côte à côte.

Si vous avez décidé d'éviter toute altercation en évitant la discussion ou en vous soumettant, placez-vous **face** à votre interlocuteur.

❌ Attention aux tactiques d'intimidation! Si votre interlocuteur a décidé d'imposer son point de vue, il pourrait, par exemple, se faire accompagner par deux ou trois personnes qui auraient pour unique mandat de prendre des notes durant l'entretien afin de vous rendre vulnérable. Ne vous laissez pas impressionner. Demandez à ce qu'on vous présente les gens et n'hésitez pas à poser des questions. Vous les déstabiliserez.

Un incontournable : le petit cadeau

Ne vous en faites pas : nous ne vous suggérons pas ici d'apporter un agneau sacrificiel à la table des négociations. Mais si c'est la première fois que vous rencontrez votre vis-à-vis, vous n'avez pas encore pu découvrir son style social. Vous avez donc besoin d'un peu de temps pour y arriver. Le petit cadeau sert précisément à cela.

Il peut s'agir d'un bien matériel ou non. Voici quelques exemples.

Édith se rappelle que sa soeur a déjà dit qu'elle voulait lire un certain livre. Avant de se lancer avec elle dans une négociation, elle le lui tend en disant : « Je l'ai fini. C'est très intéressant. J'ai pensé te l'apporter aujourd'hui. »

Lorsque le vis-à-vis de Paul arrive, ce dernier lui fait un grand sourire. « J'ai pensé à vous hier en tombant sur un site Internet qui traite de votre secteur d'activité. Je vous en ai imprimé une copie, la voici. »

Claude se présente chez sa cliente, mais avant de lui montrer ses nouveautés, il lui sourit et lui dit : « J'ai de très bonnes nouvelles ! Mon directeur des ventes m'a transmis un rapport statistique hier. Savez-vous que vos ventes de nos produits ont progressé de 14 % depuis l'an dernier ? À ce rythme, vous aurez bientôt droit à une ristourne rétroactive sur vos achats de l'année. »

Dans tous ces cas, le cadeau (même s'il ne coûte rien à celui qui l'offre) suscite la réciprocité et permet au vis-à-vis de satisfaire son besoin de discuter de choses et d'autres avant d'entreprendre la vraie négociation.

Savoir reconnaître les signes dangereux

Parfois, si cela est possible, vous préférerez reporter la rencontre plutôt que de vous engager dans une négociation vouée à l'échec. Voyons quelques cas.

Votre interlocuteur est-il débordé ? Vous n'arrivez peut-être pas au bon moment s'il n'a pas assez de lignes pour répondre à tous ses appels et s'il est constamment dérangé par des personnes qui ont absolument besoin de lui. Offrez à votre interlocuteur de reporter la rencontre et décidez avec lui du moment où elle aura lieu. Cette proposition vous fera passer pour un partenaire à ses yeux.

Vous devinez que cette tactique peut être très utile si vous souhaitez vous-même reporter la rencontre. Dans ce cas, faites en sorte qu'on vous appelle toutes les 30 secondes. Exigez également que vos collègues vous demandent constamment votre avis. Rapidement, votre vis-à-vis comprendra qu'il est dans son intérêt de remettre la rencontre à un autre jour.

Semble-t-il douter de vous ? Si, d'entrée de jeu, il remet en question tout ce que vous dites et doute de chacune de vos affirmations, votre interlocuteur ne vous fait peut-être pas confiance. Si, de plus, il vous demande de sortir quelques instants pour lui permettre de discuter par téléphone de votre proposition avec un collègue, il ne vous fait pas confiance. Dans ces conditions, il ne sert à rien de continuer comme si de rien n'était. Abordez le sujet franchement : « Il me semble que vous doutez de ce que je dis. Il sera difficile de développer une relation satisfaisante si nous ne nous faisons pas confiance. Ai-je fait ou dit quelque chose ou ai-je oublié de faire quelque chose qui a réduit la confiance que vous aviez pour moi ? Dites-le-moi, s'il vous plaît. »

Après une telle tirade, votre interlocuteur vous dira soit que vous vous trompez, soit qu'en effet il ne vous fait pas confiance. Dans les deux cas, vous êtes gagnant : à quoi bon continuer une négociation qui mène à l'échec ? Arrêtez la discussion et rebâtissez les ponts. Il sera toujours temps, quand sa méfiance aura diminué, de relancer la discussion.

Est-il en colère ? S'il fulmine, que son visage est cramoisi et que ses propos sont brusques et impatients, il est probable qu'il est en colère. Cela ne veut pas forcément dire qu'il vous en veut, mais il est certain qu'une émotion négative le hante et l'empêche de participer sereinement à la négociation. Dans ce cas, vous pouvez utiliser une phrase comme celle-ci : « J'ai l'impression que quelque chose vous agace. Ai-je fait quelque chose qui vous a déplu ? »

S'il vous répond par l'affirmative, suggérez-lui d'en parler avant d'entamer la négociation. S'il refuse ou impute son humeur à quelque chose qui ne vous concerne pas, suggérez-lui de reporter la rencontre. Il vous en sera reconnaissant.

Il ne sert à rien de négocier quand les chances de succès sont aussi faibles. Si le climat de travail n'est pas sain, remettez la rencontre à plus tard. Vous avez trop investi dans la préparation de la négociation pour la mener dans des conditions aussi peu favorables.

Le choix du lieu et du moment peuvent également influencer le climat d'une rencontre. Si vous acceptez de rencontrer une amie à 16 h alors que vous savez qu'elle doit passer prendre son enfant à la garderie à 17 h, vous savez également qu'elle sera pressée par le temps et sera donc plus susceptible de faire des concessions.

De même, si vous souhaitez négocier le loyer d'un local dans un centre commercial, vous obtiendrez un meilleur prix en le faisant un mardi matin de février qu'en vous présentant un samedi après-midi un peu avant Noël.

9 L'identification des enjeux

Il peut être tentant, quand le climat de travail est bon, de se lancer immédiatement dans la négociation sans prendre le temps d'identifier les enjeux et la vision que chaque partie a de la négociation. C'est là une des causes fréquentes de l'échec d'une négociation.

Sauter cette étape vous fait courir **3 risques importants**.

1. *Vous risquez de négocier en fonction des positions* alors qu'il est préférable de négocier en fonction des besoins de chacun. Rappelez-vous Denis, qui veut demander une augmentation de salaire alors qu'il a surtout besoin de vacances.

2. *Vous risquez de vous méprendre sur l'attitude* de votre vis-à-vis en ne prenant pas le temps de vous assurer du bien-fondé de vos hypothèses de départ. Vous avez peut-être supposé qu'il était en désaccord avec votre idée alors qu'il est tout à fait pour...

3. *Vous risquez de vous perdre en chemin* en discutant de problèmes mineurs et en oubliant de vous concentrer sur la raison d'être de la rencontre.

De quoi faut-il parler au juste ?

Sitôt un bon climat de travail établi et les bavardages préliminaires terminés (si vous ne savez plus si vous devez ou non bavarder avec votre vis-à-vis, relisez le chapitre 4), mettez-vous au travail.

Si c'est vous qui avez demandé la rencontre, c'est à vous de faire savoir que vous êtes prêt à entamer la négociation. Si c'est l'autre qui a demandé la rencontre, vous pouvez lui faire signe que vous êtes prêt en disant simplement : « Bon. Pourquoi sommes-nous ici aujourd'hui ? »

Les quelques minutes qui suivent sont décisives. Vous ne devriez pas amorcer la négociation (qui sera le sujet du prochain chapitre) avant que chacune des parties n'ait une bonne idée des **4 aspects suivants.**

1. *Ce qui vous réunit.* Êtes-vous là pour régler un problème, explorer de nouvelles avenues ou discuter de la possibilité de brasser des affaires ensemble ? Il ne sert à rien d'entreprendre une négociation si vous n'êtes même pas d'accord sur la raison d'être de la rencontre. En vous mettant d'accord sur ce sujet, vous vous entendez en outre pour travailler en partenariat.

2. *L'opinion de départ de votre vis-à-vis.* C'est ici que chacun devrait présenter sa position initiale. Rappelez-vous que vous avez déjà défini cette position et que vous y avez probablement intégré des éléments qui pourront faire ultérieurement l'objet de concessions.

   Même si la position de votre vis-à-vis vous semble raisonnable, vous pouvez grimacer ou sursauter quand il vous la présente. Chez beaucoup de personnes, une telle réaction éveille le doute, ce qui améliore vos chances d'obtenir plus tard des concessions.

La présentation de votre position initiale peut également vous servir à exprimer votre sentiment face à la négociation. Vous pouvez utiliser des phrases telles que « Je ne suis pas vraiment content d'être ici. Il me semble que tout cela devrait déjà être réglé » ou « J'espère que nous saurons nous entendre et que ce sera le début d'une relation d'affaires durable ».

3. *Les raisons pour lesquelles votre vis-à-vis soutient son opinion.* C'est généralement ce sujet qui n'est pas abordé dans les négociations qui échouent. Pourquoi tenez-vous, chacun, aux positions initiales que vous venez de présenter ? Qu'est-ce qui vous a amené à prendre cette décision ? Expliquez-vous et demandez à bien comprendre les motivations de votre vis-à-vis.

Si vous le faites, vous vous rendrez peut-être compte qu'il existe plusieurs façons de combler les besoins exprimés par votre interlocuteur et que sa position initiale n'est pas la seule possible. De même, en connaissant mieux ce qui vous motive, votre vis-à-vis trouvera peut-être une solution qui vous satisfera et à laquelle vous n'aviez pas pensé.

4. *Vos sphères d'influence respectives.* Êtes-vous en mesure de prendre une décision seuls ou devez-vous faire un rapport de la rencontre en haut lieu avant que quoi que ce soit ne soit décidé ? Il est désagréable de mener une négociation de main de maître et d'apprendre à la fin que le vis-à-vis n'a pas le pouvoir de prendre une décision et doit faire rapport à son supérieur.

Si vous connaissez déjà la sphère d'influence de votre vis-à-vis et que vous souhaitez obtenir de lui des concessions supplémentaires, ne lui dites rien de votre propre sphère d'influence. Vous pouvez, par exemple, dire à votre interlocuteur, à la fin de la négociation, que vous allez « en parler en haut lieu » (plus ce haut lieu est vague, mieux c'est), et le rappeler deux jours plus tard pour lui annoncer qu'on exige une réduction additionnelle.

Par ailleurs, prenez l'habitude, à ce stade de la rencontre, de savoir si la personne qui vous fait face est en mesure de dire oui à votre proposition. Voici deux phrases à utiliser à ce moment.

« Êtes-vous en mesure, si nous parvenons à nous entendre aujourd'hui, de donner le feu vert au projet ? »

« Avant d'aller plus loin, j'aimerais que vous m'éclairiez sur le cheminement que suivra notre entente après la rencontre d'aujourd'hui. Que se passera-t-il quand nous nous serons mis d'accord ? »

Dès que vous avez une idée claire de ce qui vous réunit, de la sphère d'influence de votre vis-à-vis, de sa position initiale et des raisons pour lesquelles il a adopté cette position, vous devriez être en mesure de lui suggérer un objectif commun.

Cet objectif doit devenir le thème de la négociation. Trop souvent, la raison d'être de la rencontre est oubliée et on s'attarde sur des éléments mineurs. Un objectif commun permet de garder le cap, de savoir quand on s'en éloigne et de ramener la discussion sur la bonne voie.

Un objectif commun permet également de faire de vous des partenaires travaillant à un même projet plutôt que des adversaires surveillant les défaillances de l'autre pour réaliser un gain. Voici quelques exemples d'objectifs communs établis par les personnages que nous suivons depuis le début de cet ouvrage.

> Sylvie à son conjoint : « Voici comment je vois notre discussion. Nous tentons de trouver la destination vacances qui nous satisfera le plus et nous permettra de retourner au travail en pleine forme. Qu'en penses-tu ? »

➤ Pierre à sa fille : « Nous ne sommes pas vraiment en désaccord. En fait, il me semble que nous souhaitons la même chose. ÀNous souhaitons tous deux que tu puisses faire ta place le plus rapidement possible et que cette place t'apporte le plus de bonheur possible. C'est bien cela ? »

➤ Clément à ses employés : « Chacun de nous sera gagnant si les clients sont plus satisfaits et deviennent plus fidèles. Le commerce sera prospère, chacun fera plus d'heures par semaine et vous développerez des relations plus harmonieuses avec les clients. Que diriez-vous si nous nous fixions pour objectif commun d'assurer la satisfaction des employés ? »

Sans objectif commun, il ne peut y avoir de négociation partenariale. Sans objectif commun, il sera difficile d'entretenir une relation à long terme.

Quelles seront les règles ?

Le début de la rencontre est également le meilleur moment pour fixer les règles de la négociation. Cet aspect sera plus souvent abordé dans les négociations formelles, où on retrouve plusieurs négociateurs, mais elles peuvent également l'être dans des contextes plus intimes, quand l'émotion est à fleur de peau.

Les règles peuvent porter sur plusieurs **aspects de la négociation.** Mentionnons-en **6.**

1. *Le langage utilisé.* Jusqu'à quel point les écarts de langage seront-ils tolérés ? Que se passera-t-il si l'un de vous emploie des propos dégradants ? Si votre vis-à-vis est reconnu pour sa verve acrimonieuse, une entente portant sur le langage vous permettra de vous retirer de la négociation sans donner l'impression que vous vous retirez parce que vous êtes en train de perdre.

2. *L'horaire.* Combien de temps durera la rencontre ? Discuterez-vous jusqu'à ce que vous ayez trouvé un terrain d'entente ou terminerez-vous, qu'il y ait entente ou non, à une heure fixée d'avance ? Le fait d'annoncer que vous devrez quitter à telle heure, en plus d'augmenter vos chances d'obtenir des concessions dans les dernières minutes de la rencontre, fera en sorte que vous ne passerez pas pour un fuyard quand vous annoncerez votre départ.

3. *Les interruptions.* Seront-elles tolérées ? Vaudrait-il mieux que les téléphones cellulaires soient éteints ? Si, dans une négociation précédente, le nombre d'appels reçus par votre vis-à-vis vous a distrait ou énervé, vous êtes en droit de le demander.

4. *Le droit de poser des questions.* Si vous vous présentez à une réunion et que vous vous rendez compte que vous avez affaire à quatre personnes alors que vous êtes seul, vous pouvez exiger d'établir des règles au sujet de la personne qui posera des questions et l'ordre dans lequel celles-ci seront posées. Autrement, la rencontre pourrait devenir un flot de questions sous lequel vous vous retrouverez submergé.

5. *La sécurité.* Si, au moment de la négociation, des personnes tempêtent autour des lieux où se tiennent la rencontre en scandant des slogans qui vous sont hostiles, vous pouvez exiger que la négociation soit remise ou que des mesures de sécurité soient prises pour éviter les débordements de la foule.

6. *La confidentialité.* Nul ne devrait enregistrer une négociation sans permission. Cela est essentiel à l'établissement d'un climat de confiance. De même, nul ne devrait parler de la négociation à un tiers pendant que celle-ci est en cours. Il n'est jamais intéressant de nous retrouver dans une situation embarrassante après qu'un journal nous a cité sans se soucier du contexte.

Ces règles, évidemment, ne s'appliquent pas à toutes les négociations. Nous n'avons fait qu'effleurer le sujet. Établissez vos règles en fonction de l'importance de la négociation et en tenant compte des personnes en présence.

Il n'y a rien de mal à vouloir encadrer la rencontre afin que celle-ci se déroule le mieux possible.

Une règle de négociation peut aussi faire l'objet d'un contrat et entraîner un dédommagement si elle est enfreinte. Par exemple, si vous entreprenez une négociation dans le but de vendre votre entreprise, vous ne souhaitez pas que votre décision se retrouve tout de suite dans le journal. De même, si vous négociez avec des investisseurs à qui vous devez révéler certains secrets commerciaux, vous ne souhaitez pas que ces renseignements soient diffusés en cas d'échec.

Quand les enjeux sont très importants, n'hésitez pas à faire signer par toutes les parties impliquées un contrat portant sur les règles de la négociation.

S'il ne veut pas parler...

Il arrivera que votre vis-à-vis souhaite sauter l'étape de la définition des enjeux pour que vous vous engagiez immédiatement dans une négociation sur les positions initiales. Si cela se produit, dites-lui qu'il vaudrait mieux comprendre la position initiale de chacun avant de s'engager.

S'il refuse, tentez de savoir pourquoi il ne veut pas parler. Son comportement pourrait être expliqué de plusieurs façons.

Le désintérêt. Il ne voit peut-être pas l'intérêt de la rencontre, l'ayant acceptée pour être poli. Dans ce cas, si vous ne parvenez pas à l'intéresser, rien ne sert, pour l'instant, de poursuivre la discussion (à moins qu'il ait reçu l'ordre de revenir avec un contrat). Gardez vos meilleurs arguments pour un moment où il sera plus attentif. Si vous êtes en position dominante, imposez votre point de vue et annoncez ce que vous entendez faire. Si vous pouvez remettre la rencontre au lendemain, faites-le.

Les préoccupations. Il a peut-être eu un accrochage avec sa voiture ce matin et il pense aux assurances, au débosselage et à ce que va lui dire sa conjointe. Si c'est le cas, parlez de l'accident avec lui. Ayant exprimé ses préoccupations, il pourra par la suite penser à autre chose.

La peur. Il a peut-être peur de vous. Si c'est le cas, il pense peut-être que tout ce qu'il dira pourra être utilisé contre lui pendant la négociation. Dans ce cas, expliquez-lui comment vous voyez la négociation en insistant sur les avantages communs que vous y voyez. Jouez le jeu de la coopération jusqu'à ce qu'il accepte de collaborer.

La rancune. Lui avez-vous joué un tour lors de votre dernière négociation ? Avez-vous déjà profité de sa vulnérabilité ? Si oui, excusez-vous. Avez-vous omis de lui communiquer une information dont l'ignorance lui a fait perdre la face devant les siens ? Si c'est le cas, vous devrez probablement vous faire remplacer. Il ne vous fait plus confiance ; à ses yeux, vous n'êtes plus crédible.

Le superficiel. Ce dernier ne peut vous dire quels sont ses objectifs puisqu'il ne les connaît pas lui-même. Il ne peut pas non plus expliquer pourquoi il penche vers telle solution plutôt que vers telle autre. Face à un superficiel, vous avez le choix entre imposer votre point de vue, exiger un autre interlocuteur ou reporter la rencontre.

Il peut être tentant pour vous de vous lancer tout de suite dans la négociation proprement dite, mais si votre interlocuteur n'arrive pas à s'ouvrir pendant l'étape de l'identification des enjeux, il ne le fera pas davantage plus tard. Voici tout de même une démarche en **3 étapes** permettant de tirer les vers du nez d'un interlocuteur muet.

1. *Commencez par lui demander s'il est d'accord* avec votre position initiale. S'il répond oui, la négociation est terminée. (Mais ne vous fiez pas trop là-dessus.)

2. *Écoutez attentivement sa réponse.* Il est probable qu'il vous dira que votre proposition est intéressante, mais imparfaite.

3. *Demandez-lui ce qui manque à votre proposition* pour qu'il la trouve très intéressante. Ce qu'il vous dira constituera sa position initiale, celle qu'il se refusait à vous communiquer. Si vous l'écoutez attentivement et reformulez ce qu'il dit, vous découvrirez ce qu'il retenait.

Que dit-il vraiment ?

Gardez les oreilles bien ouvertes pendant cette étape! Ce que vous entendez n'est peut-être pas ce qu'il vous dit. Trop souvent, nous utilisons une perception sélective pendant la négociation ; nous entendons ce que nous souhaitons entendre.

Il existe certains signes langagiers qui modulent la signification de ce que les autres disent.

Mentionnons tout d'abord les mots « mais » et « cependant ». Ces mots annulent ce qui a été dit précédemment. Ainsi, si votre interlocuteur vous dit : « Votre offre est des plus intéressantes. Cependant... », cela veut dire que votre offre, telle que formulée, ne l'intéresse pas du tout. Écoutez attentivement! Ne retenez pas la première partie de son intervention si celle-ci se termine par « cependant » ou par « mais ».

Certaines personnes utilisent les mots « honnêtement » et « franchement » ou l'expression « pour dire la vérité » quand elles se mettent à mentir. L'emploi de ces mots ou de cette expression compense le peu d'enthousiasme qu'elles éprouvent quand elles flirtent avec le mensonge.

Prenez également garde à la personne qui commence une phrase en disant «À mon humble avis». Cela ne veut pas du tout dire qu'elle considère son opinion comment ayant peu d'importance.

Faites encore attention aux expressions utilisées dans le but de faire passer en douce une information qui, autrement, déclencherait une vive réaction chez vous. Soyez à l'affût des «Comme vous le savez déjà...», des «À propos», des «Oh, une dernière chose...» et des «Avant que je n'oublie». Ces expressions ont généralement pour fonction d'amoindrir l'importance d'une information stratégique.

Finalement, prenez garde à celui qui vous encourage à signer tout de suite en disant qu'il sera toujours possible «de régler les détails plus tard». Cette personne a «omis» de vous dire quelque chose.

Rappelez-vous qu'il est dangereux de percevoir de façon sélective, c'est-à-dire de n'entendre que ce qu'on souhaite entendre.

Et maintenant?

Dernière mise en garde avant de passer à l'étape de la négociation proprement dite : ce n'est pas parce que vous connaissez bien la personne avec qui vous allez négocier que vous savez nécessairement ce qu'elle pense. La télépathie, à ce jour, n'a pas encore fait l'objet d'une preuve scientifique. Ne vous y fiez pas.

La suite des événements dépend maintenant de l'attitude que vous avez prévu adopter. Demandez-vous une dernière fois, à la lumière des renseignements qui viennent de vous être présentés, si votre stratégie est bien la meilleure. Il vous reste quelques secondes pour y penser...

10 ❯ *La négociation proprement dite*

La négociation proprement dite est une étape que certains anticipent avec délectation tandis que d'autres tremblent à sa seule évocation.

Si vous avez bien fait votre travail, la négociation devrait se faire facilement. Après tout, vous connaissez mieux votre vis-à-vis et vous vous êtes déjà entendus sur un objectif commun.

Mais rappelez-vous que c'est souvent à cette étape que les esprits s'échauffent, que l'on se sent attaqué ou impuissant, et que l'on attaque à son tour pour défendre un bout de terrain que l'on croit menacé.

Que se passe-t-il maintenant?

Vous avez établi un bon climat de travail, puis vous avez identifié quels étaient les enjeux pour chacun de vous. Vous savez maintenant ce que désire votre interlocuteur et pourquoi. Lui, de son côté, sait ce que vous souhaitez et pourquoi. Cependant, un écart subsiste toujours entre vos attentes. Comment cela se résoudra-t-il ? Il existe **5 possibilités.**

1. *Il se peut que vous ne vous rapprochiez pas* suffisamment pour trouver un terrain d'entente et que vous décidiez que la négociation se solde par un échec.

2. *Il se peut que votre pouvoir de persuasion* ait pour effet de le convaincre et qu'il décide d'épouser entièrement votre point de vue.

3. *Il se peut que son pouvoir de persuasion* ait pour effet de vous convaincre et que vous décidiez d'épouser entièrement son point de vue.

4. *Il se peut que vous fassiez chacun des concessions* et que, petit à petit, vos positions se rapprochent au point que vous soyez en mesure de conclure une entente qui satisfasse tout le monde.

5. *Il se peut que vous trouviez une idée différente* de vos positions initiales, une idée qui vous emballe tous deux et qui vous pousse à conclure une entente qui dépasse vos espoirs les plus fous.

Suivant les circonstances, chacun de ces résultats peut vous satisfaire. Mais si vous souhaitez entretenir une relation à long terme avec votre vis-à-vis, les quatrième et cinquième possibilités sont les plus intéressantes. Ce chapitre propose quelques trucs pour y arriver.

Élargir la tarte

Par « élargir la tarte », nous entendons : trouver une solution créative permettant de sortir de la logique des concessions. Trop souvent, on négocie comme si l'on tentait de s'assurer la plus grande part d'une tarte imaginaire de dimension finie. Dans ce cas, il est bien entendu que chaque fois qu'une partie se voit octroyer une nouvelle pointe de la tarte, l'autre doit se contenter d'une part plus petite.

Mais si les parties comprennent que la dimension de la tarte n'est pas fixe, c'est-à-dire qu'il est possible de l'agrandir avant de procéder au partage, il se peut que chacun se retrouve à la fin avec une plus grande part que ce qu'il aurait obtenu s'il avait voulu la tarte pour lui tout seul ! C'est en négociant en fonction des besoins plutôt que des positions initiales qu'on agit en véritables partenaires.

À moins que des considérations stratégiques vous en empêchent, la coopération devrait être votre attitude à ce stade de la négociation. Vous pouvez communiquer votre intention d'utiliser cette approche en procédant comme suit.

Tout d'abord, vous devez avoir réussi, à l'étape précédente, à faire accepter un objectif commun. Autrement, la coopération ne sera pas possible. Dans ce cas, votre meilleure option sera la recherche d'un compromis.

Mais supposons que vous avez tous deux accepté un objectif commun et que vous savez chacun ce qui motive la position initiale de l'autre. Vous devez maintenant vous poser une question : « Quelle solution pourrait nous aider à combler tous les deux nos besoins ? » C'est là la clé de la coopération.

Mais ce n'est pas nécessairement facile, parce qu'il faut, pour y arriver, oublier sa position initiale et prendre mentalement ses distances par rapport à la rencontre. Imaginez que vous êtes un observateur à qui on a demandé d'analyser la scène et de trouver un moyen de combler les besoins des deux parties. Que diriez-vous ?

Danielle est dans cette situation avec son client. Celui-ci souhaite se procurer un bon réfrigérateur (celui que Danielle lui a montré l'intéresse fortement) mais cet appareil se vend 895 $, et il n'a en banque que 750 $. C'est donc ce montant qu'il offre à Danielle. La négociation commence.

L'objectif commun est simple : les deux parties souhaitent en arriver à une entente qui permettra au client d'acquérir un électroménager qui lui durera des années et qui consomme peu d'électricité.

Les positions initiales sont également simples : Danielle souhaite obtenir 895 $ pour l'appareil et son client ne peut débourser que 750 $. La tentation pourrait être grande de négocier sur les positions de départ, mais cela ne mènerait nulle part. À quoi bon s'entendre sur 825 $ si le client ne dispose pas de cet argent ?

Si chacun s'entête à négocier en fonction des positions initiales, il n'y a que trois issues possibles à cette négociation : soit aucune transaction n'aura lieu, soit le client se contentera d'un réfrigérateur moins performant, soit Danielle vendra à perte.

Mais si elle se transforme en observatrice de la scène, Danielle se rendra compte que l'atteinte de l'objectif commun passe par la solution d'un problème : le pouvoir d'achat du client. Si elle parvient à l'aider à augmenter son pouvoir d'achat, elle pourra vendre son appareil 895 $ et le client pourra repartir avec le réfrigérateur dont il a envie.

Danielle pourrait lui proposer son programme Achetez aujourd'hui et ne payez que dans un an. Si la proposition sied aux deux parties, la négociation est terminée. Les besoins de chacun seront satisfaits, personne n'aura l'impression d'y avoir perdu, et c'est avec plaisir qu'ils referont des affaires lorsqu'un autre besoin surgira.

Comment proposer une solution créative

Voici quelques conseils pour vous aider à faire passer votre solution créative. Pour illustrer ce qu'il faut faire et ce qu'il ne faut pas faire, poursuivons avec le même exemple.

Avant de présenter votre solution créative, rappelez à votre interlocuteur l'objectif commun et expliquez-lui que ce qui vous empêche de le réaliser est, non pas vos positions initiales, mais bien un problème commun.

Danielle pourrait procéder ainsi : « Écoutez. Vous voulez ce frigo et pas un autre. D'un autre côté, je ne peux vous offrir un meilleur prix. Nous devons trouver une manière de vous permettre de vous le procurer. Que diriez-vous de notre programme Achetez aujourd'hui et ne payez que dans un an ? Vous pourriez avoir le frigo que vous souhaitez dès aujourd'hui et vous auriez tout le temps, pendant un an, d'économiser la somme qui vous manque. De plus, ce programme ne vous coûtera pas un sou d'intérêt. Quand aimeriez-vous que nous effectuions la livraison ? »

Une solution créative devrait être présentée comme une ouverture à l'égard de l'autre. Laissez entendre qu'elle n'est pas définitive et que vous êtes ouvert à toute proposition d'amélioration.

En présentant ce type de solution, parlez en partenaire. Ne prenez jamais un air de supériorité et évitez les phrases du style « Tu comprendras un jour et tu me remercieras » ou « C'est un programme que nous avons spécialement développé pour nos clients sans le sou ».

Finalement, lors de la présentation d'une solution créative, vous ne devriez jamais laisser transparaître une émotion négative comme la colère ou la peur. Évitez les « J'ai une idée mais j'ai bien peur qu'elle ne fasse pas votre affaire ». Si vous utilisez de telles expressions, vous invitez votre vis-à-vis à refuser votre proposition.

Si votre solution est retenue par votre vis-à-vis, elle formera la base des nouvelles discussions et vous vous rapprocherez d'une solution qui fera deux gagnants.

S'il ne veut pas coopérer...

Tous le monde n'est pas prêt à s'engager dans la voie de la coopération. Voyons ce que vous pouvez faire si votre interlocuteur choisit l'évitement, la soumission, l'imposition de sa volonté ou la recherche d'un compromis.

Il n'est pas facile de négocier avec quelqu'un qui choisit l'évitement. Cette personne n'a pas conscience de ses besoins (elle a souvent une faible estime d'elle-même) et ne tient pas énormément à sa relation avec vous. En fait, elle aimerait davantage se trouver chez elle, devant la télé, que d'être avec vous en train de négocier.

Connaissez-vous des gens qui agissent ainsi? Des fugitifs? Le fugitif est cette mère qui supporte le comportement délinquant de son adolescente de peur de la voir quitter la maison. Le fugitif est cet entrepreneur qui ne se soucie pas de ses coûts de production et signe n'importe quoi parce qu'il est trop heureux de faire une vente. Le fugitif est également cette personne qu'on a mandatée pour mener à bien une négociation et dont le plus cher désir est de rentrer chez elle.

Que faire avec un fugitif? Parce qu'il faut le faire glisser sur les deux échelles (l'intention d'imposer son point de vue et son intérêt pour la relation avec l'autre), c'est l'un des vis-à-vis les plus difficiles à rencontrer.

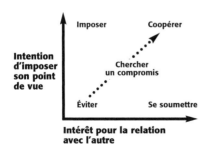

Il faut tout d'abord lui faire prendre conscience de ses propres intérêts. Pour ce faire, on peut lui exposer les risques du *statu quo*. Par exemple, la mère dont nous parlons plus haut, en n'intervenant pas auprès de son adolescente, lui fait probablement courir de grands risques. En lui faisant prendre conscience de ces risques, on fait réaliser à cette mère qu'elle a des intérêts à protéger et que, dans les circonstances, l'évitement est la pire des attitudes à adopter.

Dans un deuxième temps, il faut lui expliquer l'intérêt qu'on porte à la relation qu'on entretient avec elle et lui dire que cette relation ne pourra pas durer si elle s'entête à choisir l'évitement. Au terme de cette démarche en deux temps, le fugitif adoptera une attitude de coopération si on a obtenu un grand succès auprès de lui. Il cherchera un compromis si le succès est moyen. Mais il continuera à éviter si la démarche est un échec.

Que faire, maintenant, avec la personne qui adopte une attitude de soumission ? Que faire avec l'esclave ? L'esclave est cette personne qui accepte les humiliations plutôt que de remettre sa relation de couple en question. C'est ce vendeur qui dit oui à toutes les requêtes de ses clients de peur de leur déplaire.

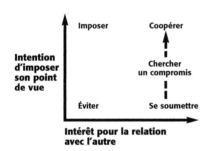

Il peut être tentant d'abuser d'un esclave. Après tout, son comportement le pousse à faire des concessions qui conviennent à son vis-à-vis. Mais est-ce bien le cas ? Si votre fournisseur joue les esclaves et que vous appréciez la qualité de son travail ou de ses produits, vous avez tout intérêt à lui faire prendre conscience de ses propres intérêts. Si vous ne le faites pas, il ne sera probablement plus en affaires dans quelques mois. À ce moment, vous aurez perdu tous les privilèges attachés à une relation de coopération avec lui. Abuser d'un esclave, c'est précipiter sa perte. Si vous tenez à une relation à long terme avec lui, vous devez l'aider à prendre conscience de ses intérêts.

Si vous réussissez, il adoptera une attitude de coopération. Si vous réussissez à moitié, il cherchera un compromis. Si vous échouez, il restera un esclave.

Que faire avec la personne qui cherche à dominer ? Avec le dictateur ? Le dictateur ne souhaite pas nécessairement connaître votre avis ; il est certain d'avoir raison et n'a pas de temps à perdre à essayer de vous convaincre. Contrairement au fugitif et à l'esclave, il est très conscient de ses attentes et il entend faire valoir son point de vue. Le dictateur est ce client qui n'arrête pas d'exiger concession sur concession, c'est ce conjoint qui impose ses volontés sans demander son opinion à l'autre, c'est ce fournisseur qui augmente ses prix sans vous avertir et sans tenir compte de votre capacité à payer.

Face au dictateur, vous devez essayer de lui faire prendre conscience de l'importance de votre relation à long terme et des dangers qui le guettent s'il s'entête à entretenir une vision à court terme. Votre objectif est de le pousser vers la droite (voir schéma) pour qu'il adopte une attitude favorisant la coopération.

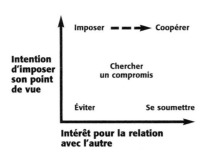

Vous pouvez, par exemple, expliquer à ce client trop exigeant que vous visez une relation à long terme, que vous souhaitez être son fournisseur pour longtemps mais que, pour que ce soit possible, il doit vous laisser respirer un peu, vous permettre de faire quelques profits.

Si vos efforts sont couronnés de succès, le dictateur se montrera plus coopératif. Si vos efforts l'influencent un peu, il entreprendra de négocier un compromis. Si vos efforts sont un échec, il s'en tiendra à son rôle de dictateur. Si cela se produit, vous devrez vous demander si vous poursuivez la rencontre ou si vous choisissez l'impasse. Voici quelques balises qui vous aideront à prendre une telle décision.

S'il s'agit d'un dictateur **pur et dur** et que vous en avez assez de vous laisser manger la laine sur le dos, annoncez l'échec et quittez la négociation. Beaucoup de dictateurs attendent cet instant pour proposer un compromis; tant que vous acceptez de vous soumettre, ils ne se remettent pas en question. C'est souvent la seule manière de les ramener à la raison et de reprendre sérieusement la négociation.

Si le sujet à l'ordre du jour est de **peu d'importance pour vous**, vous pouvez le laisser avoir raison. Vous serez peut-être tenté, un peu plus tard, de jouer à votre tour les dictateurs sur un sujet plus crucial pour vous.

Si le sujet est de **première importance** pour vous, que le dictateur s'entête à vous imposer sa volonté et que vous avez en main l'information nécessaire pour prouver qu'il a tort ou pour prouver son incompétence à ses supérieurs, vous pouvez en profiter pour l'écraser verbalement. Mais attention! Ne le faites que si vous n'avez plus envie d'entretenir une relation à long terme avec lui.

Si vous prouvez que le dictateur qui vous fait face est incompétent et que vous êtes en grande discussion, il sera probablement vite remplacé par un autre négociateur. Rappelez-vous cependant que le monde des affaires est petit et que vous aurez probablement à faire à nouveau des affaires avec celui que vous aurez évincé, lorsqu'il se sera trouvé une place dans une autre entreprise.

Que faire, finalement, avec celui qui cherche un compromis? Vous devriez tenter de lui faire adopter une attitude de coopération en lui proposant une solution créative.

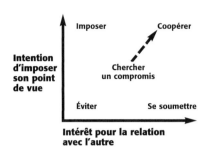

Mais, vous vous en doutez, ce ne sera pas toujours possible. Dans ce cas, vous devrez entreprendre la négociation d'un compromis qui le satisfera et qui vous aidera néanmoins à atteindre vos objectifs. Pour ce faire, vous devrez réduire ses attentes, exercer de la pression sur lui et gérer l'environnement pour que le compromis vous soit favorable.

Pour atteindre ces objectifs, vous aurez recours à des tactiques dont nous vous présentons quelques exemples dans les pages suivantes. Ces tactiques, rappelons-le, sont utilisées quand il est impossible d'aider le vis-à-vis à adopter une attitude favorisant la coopération et qu'il faut que vous partiez à la recherche d'un compromis.

12 tactiques à utiliser durant la recherche d'un compromis

Quand deux parties cherchent un compromis, le résultat final peut se trouver n'importe où entre les deux positions initiales. Et ce n'est pas tant la teneur de l'accord comme le fait que le processus se soit déroulé de façon respectueuse qui est source de satisfaction.

Il peut donc arriver que le compromis corresponde à la position initiale de A et que B se déclare néanmoins satisfait. De même, B peut gagner la négociation, mais être tout de même insatisfait. Répétons-le : la satisfaction dépend du processus et de la conclusion d'un accord. Le fait qu'une des parties ait accordé plus ou moins de concessions a peu à y voir si le tout s'est déroulé dans le respect.

Les quelques trucs suivants vous aideront à faire en sorte que l'accord soit le plus près possible de votre position initiale. Mais ne mettez pas ces tactiques en pratique avant d'avoir lu la fin de ce chapitre. Nous vous y présentons des moyens d'en obtenir davantage sans frustrer votre vis-à-vis.

Adopter une position initiale exagérée

Comme nous l'avons vu au chapitre 7, une position initiale exagérée a plusieurs avantages. Elle permet de plus grandes concessions initiales, ce qui, par l'effet de la réciprocité, encourage votre interlocuteur à en faire également. Mais ce n'est pas tout. Une position initiale exagérée vous permet d'en apprendre beaucoup sur les attentes de votre vis-à-vis.

Celui-ci réagira probablement en vous disant que votre position n'est pas raisonnable, que vous n'avez pas fait vos devoirs : « Voyons ! Ce n'est pas raisonnable ! Ta proposition devrait se trouver entre... et... » S'il vous fait une telle remarque, demandez-lui sur quoi il se base et poursuivez la discussion. Il est déjà en train de rapprocher sa position initiale de la vôtre.

La position initiale exagérée a toutefois ses limites. Si elle est vraiment trop exagérée, votre crédibilité en pâtira, et il se peut que votre vis-à-vis décide d'abandonner la discussion. Exagérez, mais pas trop !

Si un interlocuteur se présente avez une position initiale exagérée, regardez-le droit dans les yeux et demandez-lui s'il est vraiment sérieux. Il vous répondra probablement que ce n'est là qu'une position de départ. Vous aurez réduit son niveau d'attente sans trop en dire.

Imposer une échéance

Vous pouvez tenter de déstabiliser votre vis-à-vis en lui imposant des barrières temporelles. Par exemple, vous lui direz que vous avez besoin de son prix pour le lendemain, parce que c'est le lendemain qu'a lieu la rencontre du comité. Vous lui direz également que vous êtes très occupé et que vous ne pouvez lui accorder que 20 minutes. Tout cela a pour but de réduire l'information à laquelle il a accès et à précipiter sa décision.

S'il tient vraiment à la négociation et qu'il se sent pressé ou n'a pas accès à toute l'information nécessaire pour prendre une décision éclairée, il est possible qu'il lance alors un prix un peu au hasard. À ce moment, si le prix est intéressant, vous pouvez conclure.

Vous pouvez également utiliser la date limite d'une autre manière. Supposons que votre interlocuteur vous présente une offre de service s'élevant à 850 $. Vous pouvez le regarder dans les yeux et lui dire, sur le ton de la confidence, qu'un des ses concurrents vous a offert d'effectuer le travail pour 830 $. Terminez en expliquant que la rencontre a lieu dans une trentaine de minutes et demandez-lui s'il s'en tient à 850 $. Il est fort possible qu'il revoie sur-le-champ son offre.

Que pouvez-vous faire si on emploie cette technique contre vous ? Tout d'abord, vous devez vous assurer que la limite temporelle qu'on vous fixe n'a pas pour unique fonction de vous pousser à réagir au lieu d'agir. Vous pouvez ensuite tester cette limite en utilisant les phrases suivantes.

« C'est dommage. J'attends un appel d'un sous-traitant qui pourrait me permettre de vous faire un meilleur prix. Cependant, je n'aurai de ses nouvelles que dans deux ou trois jours... »

« Dans ce cas, il vaudrait peut-être mieux que je retire mon offre à 850 $. J'espère que j'aurai à nouveau l'occasion de vous offrir mes services. »

Dans ces deux cas, il est probable que votre vis-à-vis laissera entendre que la négociation peut être reportée et que le comité ne tiendra pas uniquement compte du prix demandé pour prendre une décision. Vous aurez ainsi déjoué la tactique.

De plus, n'oubliez jamais le seuil sous lequel vous avez prévu choisir l'impasse plutôt que l'accord. Les tactiques de votre vis-à-vis ne devraient pas vous faire oublier les fruits de votre préparation.

Vous vous rendrez vite compte, en suivant ces deux conseils, que la plupart des limites temporelles qui vous sont présentées sont négociables.

« Tu peux faire mieux que ça ! »

Beaucoup de personnes, quand on leur fait cette remarque, se sentent obligées de faire immédiatement une concession. Cette tactique est particulièrement efficace avec des vendeurs. Voyons pourquoi.

Bien des vendeurs cultivent une certaine culpabilité. Ils savent que le prix marqué permet une certaine marge de manoeuvre et ils redoutent qu'un client « oublie » de demander un rabais et apprenne par la suite qu'il aurait pu obtenir un meilleur prix. Ces vendeurs, dès qu'ils entendent « Tu peux faire mieux que ça ! », sont soulagés et s'empressent de vous faire cadeau de toute la marge de manoeuvre que leur a donnée leur patron (lequel s'arrache les cheveux et n'arrive pas à comprendre sa force de vente).

Remettre en question la position initiale de l'autre est donc une bonne habitude à prendre. Cette position est souvent prise à contrecoeur, et on espère que vous vous y opposerez. Votre vis-à-vis souhaite souvent vous accorder toute la marge de manœuvre à sa disposition.

Si on vous fait le coup en vous disant que vous pouvez sûrement faire mieux, vous avez le droit de répondre que ce n'est pas le cas, que votre position initiale n'a pas été gonflée pour que vous puissiez faire des concessions. Qu'il s'agit, en fait, de la meilleure offre possible dans les conditions actuelles. Cette dernière phrase ouvre tout de même la porte aux négociations puisque ces conditions peuvent changer.

Être patient

Le temps peut être un important allié quand l'on doit faire diminuer le niveau d'attente de l'autre partie, évaluer si elle a d'autres options à sa disposition et découvrir à quel point elle est pressée de conclure.

Une bonne façon d'obtenir un meilleur prix d'un fournisseur est de lui expliquer qu'on n'est pas pressé et qu'il peut effectuer le travail à temps perdu, quand il n'a pas d'autres contrats. Cette approche vous fait paraître raisonnable et persuade votre vis-à-vis que le travail remplira des cases horaires qui, sans cela, auraient été inemployées.

Un autre moyen consiste à expliquer à votre vis-à-vis que vous vous donnez quelques jours, voire quelques semaines pour penser à sa proposition. S'il n'a pas d'autres options et qu'il est pressé de conclure, il diminuera son prix sans que vous ayez à le lui demander.

S'il ne le fait pas, il y réfléchira pendant quelques jours (« Va-t-il me dire oui ? Va-t-il me dire non ? ») et se convaincra qu'il aurait pu demander moins cher (« J'aurais peut-être eu le contrat tout de suite si j'avais demandé 200 $ de moins »). Quand vous l'appellerez, au bout de quelques jours, pour lui dire que s'il enlève 100 $, vous lui direz oui, il sera heureux d'avoir fait une affaire.

Si on emploie cette tactique contre vous, faites savoir à votre vis-à-vis que vous avez une solution de rechange et qu'il peut prendre tout son temps. Celui qui souhaitait frimer reverra rapidement sa stratégie.

« C'est le règlement »

Plus de 70 % de la clientèle est visuelle et croit davantage ce qu'elle voit que ce qu'elle entend. Ainsi, si vous dites 334 $, votre vis-à-vis aura tendance à supposer qu'il s'agit là de votre position initiale de négociation et non du prix véritable. Par contre, si vous lui montrez 334 $ dans la liste des prix, il aura plus de mal à remettre le prix en question.

Nous avons vu, au chapitre 7, que nous avons tendance à croire ce qui vient d'en haut, d'une autorité. Vous pouvez utiliser cela pour clouer le bec à un vis-à-vis qui vous demande de nouvelles concessions. Voici quelques phrases exploitant cette tactique.

«Je voudrais bien, mais je ne peux pas. Regardez la liste des prix. La quantité minimale, pour obtenir un forfait, est de 12 unités. Désolé.»

«Si votre soumission excède 2 500 $, je devrai retourner devant le comité et il est alors possible qu'il renonce au projet. Ne prenons pas de chance.»

«Je peux vous accorder 200 $. Si vous refusez cette compensation, je devrai faire parvenir une demande au siège social. Vous aurez peut-être des nouvelles d'ici trois ou quatre mois...»

«J'ai décidé que tu devais rester à la maison au moins cinq soirs par semaine. Si tu refuses, tu devras te trouver un appartement.»

Si on utilise de telles phrases contre vous, ne les remettez pas tout de suite en question. Abordez un ou deux sujets sur lesquels vous pouvez vous permettre des concessions et, quand votre vis-à-vis croira l'entente à portée de main, faites-lui savoir que vous seriez prêt à signer si ce n'était de ce fameux règlement. Vous verrez alors si le règlement est ou non négociable.

« Je peux avoir mieux ailleurs »

C'est sur la rareté que vous jouez quand vous dites à votre vis-à-vis qu'il vous est possible de satisfaire vos besoins ailleurs ou que vous avez demandé leurs prix à trois fournisseurs potentiels. Le message est que, s'il ne vous fait pas de concessions, vous avez une solution de rechange.

À ce moment, il éprouvera une certaine anxiété face à la négociation et sera tenté de réduire les risques d'échec en vous accordant davantage que s'il jouissait d'une situation de monopole.

Si on emploie cette tactique contre vous, dites-vous qu'il est vrai que votre vis-à-vis peut toujours aller voir ailleurs mais que, s'il s'entête à négocier, c'est qu'il sait qu'il ne trouvera peut-être pas mieux ailleurs. Demandez-lui ce qui manque à votre proposition pour qu'elle soit acceptable, puis écoutez. Il va maintenant vous dire ce qui le chicote.

Jouer les néophytes

Dans certains cas, jouer les néophytes en ne révélant pas ses connaissances procure bien des avantages.

Vous pourrez, en posant une question qui éveillerait les soupçons si elle provenait d'un expert, évaluer si votre vis-à-vis sait vraiment de quoi il parle. Il invente peut-être au fur et à mesure tout ce qu'il vous dit.

Vous pourrez déterminer si votre vis-à-vis tente d'abuser de votre « ignorance ». Si c'est le cas, demandez-vous si vous souhaitez encore négocier avec lui.

Vous apprendrez de nouvelles choses. Vous n'aviez peut-être encore jamais vu les choses sous l'angle sous lequel votre interlocuteur vous les présente.

Ne tentez jamais de rouler un néophyte avec qui vous négociez. En dépit des apparences, il en sait peut-être plus que vous !

Regrouper les forces

L'union fait la force, dit le dicton. En vous joignant à d'autres personnes dans une négociation impliquant un vis-à-vis commun, vous faites grandir dans l'esprit de ce dernier le coût éventuel d'une impasse et vous augmentez son désir d'en arriver à une entente. De plus, cette tactique vous permet de faire la preuve qu'un conflit n'est pas personnel, que vous n'êtes pas le seul à être insatisfait de la situation.

Voici quelques exemples de négociations où un regroupement peut faire des miracles.

Un fournisseur distribue un nombre anormalement élevé de produits défectueux et fait la sourde oreille quand un client exige une compensation. Il a fait des projections financières et en est venu à la conclusion qu'il valait mieux perdre un client que d'investir les sommes nécessaires à une amélioration de sa production. Mais, ce matin, 30 clients souhaitent le rencontrer. Il n'a pas les moyens de perdre autant de clients. Il va négocier.

Dans cette municipalité, obtenir un changement de zonage est un processus habituellement très long. Mais ce promoteur s'est présenté à l'hôtel de ville avec tous ses voisins, lesquels réclament également une modification du zonage. Parions que le changement sera fait plus rapidement qu'à l'accoutumée.

Il y a réunion de famille aujourd'hui dans ce foyer. Les trois enfants, tous majeurs, souhaitent dire à leur père qu'ils ne supporteront plus que leur mère soit battue. L'aîné souligne qu'il préfère le savoir en prison que d'apprendre qu'il l'a de nouveau battue. Les deux autres enfants hochent la tête. Cette fois, c'est sérieux.

Si on utilise la tactique du regroupement contre vous, tentez de suggérer à vos vis-à-vis que leurs situations sont particulières et qu'elles ne peuvent être traitées en bloc. S'ils refusent, vous n'aurez d'autres choix que de négocier.

« Coupons la poire en deux »

Quand vous utilisez l'expression «faisons chacun notre bout de chemin» ou «si on coupait la poire en deux», votre vis-à-vis comprend que vous proposez que chacun réduise ses exigences. Dans bien des cas, l'offre paraît raisonnable parce qu'elle suppose que vous êtes prêt à faire le même sacrifice que votre vis-à-vis.

C'est la raison pour laquelle bien des gens vous diront alors oui. Après tout, votre vis-à-vis sait maintenant que l'accord est à portée de main et qu'il ne lui reste qu'à le confirmer. Si vous avez exagéré votre position initiale, cette offre de votre part ramène simplement l'accord aux conditions que vous aviez prévues.

Si on utilise cette tactique contre vous, répondez par la négative. Expliquez que ce n'est pas possible et faites une contre-proposition. Une poire peut être coupée en deux sans que les deux parties soient égales.

Faire des menaces

Cette tactique sera utilisée avec les vis-à-vis qui s'entêtent à vouloir imposer leur volonté et refusent de devenir des partenaires ou de chercher le moindre compromis. Voici les **conditions** nécessaires à son application.

Ne l'utilisez que si votre vis-à-vis fait preuve de mauvaise volonté. Si vous menacez une personne qui ne le mérite pas, elle choisira l'échec ou deviendra un dictateur. Dans les deux cas, vous serez perdant.

Ne faites pas de menaces que vous ne pouvez mettre à exécution. Si vous menacez un fournisseur de cesser de faire des affaires avec lui et qu'il est le seul à distribuer un produit dont vous avez absolument besoin, vous aurez perdu toute crédibilité auprès de lui.

Quand vous menacez, *n'exigez pas immédiatement une réponse.* Accordez à votre vis-à-vis quelques instants de réflexion. Nul n'apprécie d'être menacé, et si vous ne lui laissez pas un peu de temps pour formuler sa réponse, il risque d'abandonner la négociation.

La menace doit être raisonnable. Si un employé arrive régulièrement en retard, il serait par exemple disproportionné de le menacer de faire assassiner un membre de sa famille. Un peu de retenue, tout de même !

La menace est une arme à double tranchant. Si on l'utilise contre vous, vous pouvez la retourner contre votre vis-à-vis en minimisant le sujet de la discorde et en lui faisant prendre conscience des implications de sa menace. Par exemple : « Êtes-vous sérieux ? Vous mettriez fin à une bonne relation d'affaires qui dure depuis huit ans à cause d'un simple désaccord sur les coûts de livraison ? »

Proposer une concession finale

La concession finale est une concession qui n'en est pas une. Elle n'est valable que si votre vis-à-vis accepte de conclure une entente. Par exemple : « Si j'acceptais de vous installer des armoires en chêne plutôt que les armoires en mélamine de la maison témoin, seriez-vous prêt à signer l'offre d'achat ? »

Si le client répond oui, la concession est effective. S'il répond non, c'est comme si elle n'avait jamais été faite. Votre vis-à-vis doit donc choisir entre l'objet de la concession et la possibilité de poursuivre la négociation. Si, pour reprendre notre exemple, le client attache une grande valeur aux armoires en chêne, il conclura.

Si on utilise la concession finale contre vous, remerciez votre vis-à-vis et dites-lui que son offre est très intéressante mais que vous souhaitez réfléchir à une ou deux choses avant de lui répondre. C'est maintenant à votre tour de formuler une ou deux conditions permettant de conclure la négociation.

Montrer un désintérêt soudain

Vous avez recours à cette astuce quand vous indiquez que la négociation est terminée et que vous choisissez l'impasse. Vous pouvez le faire en utilisant des phrases telles que : « Je crois que nous tournons en rond » ou « Nous aurons peut-être l'occasion de refaire des affaires ensemble, mais je crois que celle-ci est terminée ».

Quand vous utilisez cette tactique (si elle est crédible et que vous avez vraiment la possibilité de renoncer à la négociation), deux choses se produisent dans l'esprit de votre vis-à-vis. Il réalise que son pouvoir est inférieur à ce qu'il croyait et pense que vous avez une solution de rechange. Immédiatement, il revoit ses attentes et tente de relancer la négociation.

Si c'est lui qui montre un désintérêt soudain, demandez-vous ce qui a bien pu le provoquer. Si vous n'avez rien dit ou fait qui justifie le recours à cette tactique, il se peut que votre vis-à-vis bluffe. Dans ce cas, serrez-lui la main, dites-lui que vous trouvez triste d'en arriver à une impasse et regardez-le partir en précisant que vous proposerez la date d'une nouvelle rencontre quand chacun aura eu le temps de réfléchir. Il se peut que votre interlocuteur accepte ou qu'il reprenne immédiatement la négociation.

Si vous avez fait une erreur qui justifie ce comportement, excusez-vous et suggérez de continuer la négociation ou de la reporter.

Comment exercer de la pression sur son vis-à-vis

Plusieurs des tactiques que nous venons de voir mettent une certaine pression sur votre vis-à-vis et le pousse à prendre une décision rapide. Nous allons maintenant étudier **3 facteurs** à ne pas perdre de vue quand vient le temps d'aider un vis-à-vis à prendre une décision qui nous sied.

1. *L'investissement.* Tant qu'il n'aura pas investi suffisamment de temps, d'argent et d'énergie dans la négociation, votre vis-à-vis choisira l'impasse si vous exercez de la pression sur lui. S'il décide de ne pas négocier parce que vous lui semblez trop difficile, il le fera tôt, tandis que son investissement total dans la négociation est encore relativement faible.

   Par contre, si vous attendez, pour exercer de la pression sur lui, qu'il ait évalué un devis complet et ait participé à trois rencontres préparatoires afin de bien cerner vos besoins, il acceptera plus facilement la pression. S'il choisissait de se retirer, il serait obligé de reconnaître que le temps et les efforts qu'il a consacrés à la négociation représentaient un mauvais investissement.

   Par conséquent, attendez que le client se soit bien investi dans la transaction et qu'il croit l'accord à portée de main avant d'exercer de la pression. À ce stade, il ne voudra plus reculer.

2. *Le choix.* Nul n'aime se faire dire ce qu'il doit faire. Quand vous exercez de la pression sur votre vis-à-vis, protégez, si c'est possible, son sentiment de pouvoir en lui offrant plusieurs choix.

   Ainsi, au collègue sur qui elle compte pour terminer un travail urgent, Lyse finit par dire : « [...] pour toutes ces raisons, il faut que tu m'aides et que le travail soit terminé avant jeudi. Ce n'est pas obligé d'être aujourd'hui ; nous pouvons faire le travail demain soir si tu veux. Quelle soirée préfères-tu ? Ce soir ou demain ? »

N'exagérez cependant pas le nombre d'options que vous offrez à votre vis-à-vis. Beaucoup de gens, devant cinq ou six options, hésitent, se demandent laquelle choisir et finissent par ne rien faire. Vous souhaitez le pousser à l'action et lui redonner un sentiment de contrôle ? Ne le plongez pas dans la confusion.

3. *Les indicateurs de trop-plein.* Tout comme il y a un temps pour exercer de la pression sur un vis-à-vis (voir point 1), il y a un temps où il faut cesser de le faire. Si vous dépassez les bornes, vous risquez de transformer ce sympathique Dr. Jekkyl en terrible Mr. Hyde ! Ce qui n'arrange pas les choses, c'est que la limite à ne pas dépasser n'est pas la même d'une personne à l'autre.

Heureusement, vous connaissez déjà le style social de votre interlocuteur (vous avez appris à le déterminer au chapitre 4). À chacun de ces styles est associé un comportement signifiant qu'on l'a contrarié. Soyez à l'affût des changements de comportement que nous vous présentons maintenant.

L'analyste, si vous le poussez à bout, se refermera encore davantage (déjà qu'il n'était pas trop ouvert !) et il semblera adopter une attitude d'évitement. Si vous le questionnez directement sur un sujet donné, attendez-vous à ce qu'il vous serve une réponse factuelle, sans vous révéler ce qu'il pense. L'analyste en colère s'en tient strictement aux faits.

Le moteur, si vous exercez trop de pression sur lui, cesse de se révéler et choisit d'imposer son point de vue. Il se dit qu'il a gaspillé trop de temps avec une personne qui tente de l'influencer par tous les moyens et que le moment est venu de lui annoncer ce qui va être fait. Si vous vous rendez compte que vous êtes en train de transformer un moteur en dictateur, pesez chacun de vos propos et, si vous avez trop parlé, tentez de faire marche arrière.

L'aimable, s'il a l'impression que vous abusez de lui, passera en mode soumission. Souhaitant réduire les rapports qu'il a avec vous, il vous demandera sans doute : « Bon, qu'est-ce que tu veux que je fasse ? », et agira sans trop réfléchir. L'aimable ne veut pas de conflit. Cela ne veut pas dire qu'il ne cultivera pas ensuite une certaine rancune envers vous.

L'expressif, s'il sent que vous tentez de limiter les choix qui s'offrent à lui, choisira d'attaquer. Il n'aime pas être coincé et est prêt à oublier les civilités pour sortir d'une situation qu'il trouve désagréable. Poussé à bout, il perd son côté avenant et ses paroles dépassent souvent sa pensée.

Si le comportement de votre vis-à-vis change d'une de ces façons, modérez vos transports. Vous souhaitez conclure un accord, pas vous faire un ennemi.

Si vous suivez ces conseils, vous devriez faire un bon usage des tactiques que nous vous avons présentées dans ce chapitre.

Sa façon d'aborder les concessions

La manière avec laquelle votre vis-à-vis accorde ou refuse une concession peut également vous renseigner sur ce qui se passe dans sa tête. Demeurez ainsi attentif à son empressement à faire une concession, à l'importance de ses concessions et à sa manière d'annoncer la possibilité d'une concession. Voyons plus en détail ces **3 attitudes.**

1. *L'empressement.* Si votre vis-à-vis vous offre de faire une concession dès le début de la négociation, avant même que vous ayez remis sa position initiale en question, c'est qu'il a hâte de baisser son prix. Plusieurs raisons peuvent expliquer cette hâte.

Il sait que la concurrence est féroce dans son domaine et il ne veut pas courir le risque, au cas où vous connaîtriez déjà les prix que proposent ses concurrents, de vous en offrir un trop élevé.

Son patron exige qu'il amorce la négociation avec un prix donné, même s'il ne vend jamais à ce prix. S'il fallait que vous lui disiez oui à ce prix, il serait rongé par les remords.

Il s'est gardé une marge de manœuvre mais, dans son for intérieur, il craint d'avoir exagéré.

Si vous remarquez de l'empressement chez votre interlocuteur en début de négociation, c'est que sa position initiale n'en est probablement pas une. Vous devrez fouiller pour découvrir ce qu'il en est.

2. *L'importance des concessions.* Au fur et à mesure que la négociation avance et que l'on se rapproche d'une entente, l'ampleur des concessions devrait diminuer. Ainsi, si vous débattez du prix d'un article, la première concession devrait être la plus importante et les suivantes devraient aller en diminuant. Autrement, votre vis-à-vis n'aura pas l'impression de se rapprocher du point final et sera encouragé à continuer à négocier.

S'il fait une importante concession au moment où vous pensiez être parvenu à une entente, c'est qu'il lui reste un peu de marge de manœuvre ou qu'il a peur de ne pas en arriver à une entente. Dans les deux cas, vous pouvez obtenir un peu plus.

Diminuer peu à peu l'importance des concessions contribue également à faire savoir à votre vis-à-vis que vous vous rapprochez du seuil sous lequel vous préférerez l'impasse à l'accord.

3. *La manière d'annoncer une concession.* Si votre vis-à-vis présente son prix en disant : « Je peux vous faire un prix entre 40 et 50 $, suivant le mode de paiement », vous aurez de la difficulté à payer moins de 40 $. Il a fait ses devoirs. Il vous présente sa marge de manœuvre et s'attend à ce que vous vous y teniez.

Par contre, s'il vous dit : « C'est normalement 50 $ mais, pour vous, je le ferai à 40 $ », il est possible que vous puissiez payer moins de 40 $. Vous pourriez répondre : « J'avais plutôt en tête un montant de 35 $ », et observer sa réaction.

La manière dont une concession est faite est aussi importante que la concession elle-même. Gardez l'oeil ouvert et analysez autant le messager que le message.

Comment faire une concession

Suivant la manière dont vous l'accordez, une concession peut avoir deux effets sur votre vis-à-vis : elle peut signifier que la négociation tire à sa fin ou que vous avez encore d'autres concessions dans votre manche. Voici quelques conseils pour éviter qu'une concession conduise à une autre.

Une concession ne devrait pas être faite à la légère. Si vous l'accordez sans y réfléchir, votre vis-à-vis se dira que vous la gardiez dans votre manche et que vous venez donc de révéler votre position initiale réelle.

Quand on vous demande une concession (même si vous aviez prévu l'offrir), faites une pause, effectuez quelques calculs sur une feuille, demandez-lui de confirmer une chose qu'il a dite auparavant, puis accordez-lui la concession ou faites une contre-proposition. Pour que votre interlocuteur se sente obligé à la réciprocité, il doit être persuadé que la concession est bien le fruit de la négociation.

Si vous vous attendez à ce que votre client exige de discuter avec votre patron pour obtenir un meilleur prix, n'accédez pas à sa demande. Expliquez-lui que vous devez en parler à votre patron avant, puis contactez ce dernier ou passez à son bureau avec la proposition de votre vis-à-vis. De cette manière, celui-ci ne pourra pas retourner voir votre patron par la suite. Vous aurez prévenu l'érosion de votre pouvoir de négocier.

Idéalement, vous devriez connaître l'ensemble des demandes de votre vis-à-vis avant de faire une concession. S'il désire un meilleur prix et que vous le lui accordez, puis vous demande de meilleures conditions de vente ou un financement sans intérêt, vous regretterez votre première concession.

Finalement, ne faites pas de concessions sans en demander en retour. Il est tout à fait normal que chacun fasse sa part. Si vous ne cherchez pas à obtenir une concession alors que vous avez encore quelques atouts dans votre jeu, vous n'en obtiendrez pas quand vous aurez donné votre chemise.

Personne ne doit perdre la face

Imaginez que vous négociez avec un groupe et que, devant vous, se trouvent le négociateur et son supérieur hiérarchique. Que se passera-t-il si, en quelques minutes, vous démolissez le négociateur en prouvant qu'il est incompétent et qu'il parle à travers son chapeau ?

Il est probable que son patron le remplacera sur-le-champ et que vous devrez recommencer la négociation avec un négociateur plus expérimenté. Vous aurez perdu les concessions que vous aviez obtenues et vous vous serez mis votre interlocuteur à dos. Y aurez-vous vraiment gagné quelque chose ?

Cela ne veut pas dire que vous devez ignorer les erreurs factuelles de votre vis-à-vis. Au contraire. Mais vous devriez les relever en prenant une partie du blâme pour qu'il ne perde pas la face. Voici quelques exemples illustrant cette façon de faire.

« J'ai ici un document sur lequel j'aimerais attirer votre attention. Je suis persuadé qu'il vous permettra de réévaluer votre position. »

«Je le regrette mais je crois avoir oublié de mentionner que les coûts de transport étaient inclus dans nos prix unitaires. C'est donc dire que nos prix sont inférieurs à ceux de nos concurrents. Qu'en pensez-vous?»

Ce conseil vaut également pour vous. Si vous désirez changer d'idée, trouvez une bonne raison ou posez une question dont la réponse vous permettra de dire: «À la lumière de cette nouvelle information, je dois admettre que vous avez raison. Voici ce que je propose...» En utilisant cette technique, vous serez en mesure de changer d'opinion sans passer pour une girouette et sans que votre crédibilité n'en souffre.

L'étiquette en matière de négociation

Terminons ce chapitre avec la présentation de **6 règles** qui vous éviteront de vous mettre votre vis-à-vis à dos pendant la négociation.

1. *N'attaquez pas votre vis-à-vis.* Vous avez le droit de ne pas être d'accord avec lui. Vous avez le droit de ne pas être d'accord avec l'argument qu'il vient d'utiliser. Vous pouvez même douter de la véracité de certains de ses propos.

   Mais vous ne devez pas l'attaquer. Tenez-vous-en aux faits. Mieux vaut lui dire que vous n'êtes pas d'accord avec ce qu'il vient de dire (en utilisant la technique présentée à la page précédente) que de le traiter de fieffé menteur. Si vous attaquez votre vis-à-vis, il adoptera une position de repli et préférera peut-être l'impasse à la poursuite de la négociation.

2. *N'oubliez jamais l'objectif commun.* Si vous l'oubliez, vous risquez de vous attardez sur des détails. Non seulement vous ne progresserez pas, mais vous brûlerez de l'énergie pour rien. Il est facile de ramener votre vis-à-vis à l'ordre en lui rappelant la raison d'être de la rencontre.

3. *N'oubliez pas votre seuil.* Si, dans le feu de l'action, vous oubliez à quelles conditions vous entendiez quitter la négociation et déclarer l'impasse, vous risquez de signer n'importe quoi et de le regretter. Ne laissez pas les événements vous faire oublier votre travail de planification.

4. *Pensez à l'après-négociation.* Nous l'avons déjà dit, mais il convient de le répéter : vous aurez, un jour au l'autre, à renégocier avec cette personne ou avec quelqu'un qu'elle est en mesure d'influencer. Il est donc important de considérer cette négociation comme étant la première d'une série de plusieurs autres. De plus, ne profitez pas de la faiblesse de votre interlocuteur, elle peut n'être que passagère. Celui-ci sera peut-être très puissant lors de votre prochain rendez-vous.

5. *Gardez vos opinions pour vous.* Nous avons vu, au chapitre 3, que les gens n'ont aucune mal à dire non aux personnes qui ne leur ressemblent pas. Inutile de prendre des risques en faisant un gag sexiste, raciste ou politique pour meubler le silence. Voyez plutôt la règle suivante.

6. *Apprenez à aimer le silence.* Il n'est pas toujours facile de supporter le silence quand le coeur nous bat à tout rompre et que notre avenir, financier ou émotif, dépend du cours des événements. Mais en n'observant pas le silence, en parlant chaque fois que votre vis-à-vis se tait pour mieux réfléchir, vous risquez de l'énerver et de vous rendre antipathique. N'oubliez pas : la parole est d'argent, le silence est d'or.

11 ⟩ *La conclusion de l'entente*

Enfin terminé! Vous en êtes finalement arrivé à une entente et il ne vous reste plus qu'à savourer les fruits de votre travail. Vous vous voyez déjà, racontant aux vôtres de quelle main de maître vous avez mené la négociation et comment vous vous y êtes pris pour faire valoir votre point de vue. Le sentiment est fantastique!

Si ce que vous ressentez ressemble à cela, sachez toutefois qu'un danger vous guette. Nombre de négociations qui semblent être terminées ne le sont en fait pas encore. Tant de choses peuvent survenir et gâcher votre plaisir. Ce chapitre vise, entre autres, à vous prémunir contre :

— les négociations qui ne se concrétisent pas à cause de l'inertie des parties ;

— les négociations qui n'aboutissent pas parce que votre vis-à-vis n'a pas compris la même chose que vous ;

— les négociations qui semblent être terminées mais qui sont relancées quelques jours plus tard, après que votre vis-à-vis ait présenté son rapport à son groupe.

Les 5 étapes d'une bonne conclusion

Nous vous donnerons, dans ce chapitre, des conseils pour conduire plus efficacement chaque étape. Voici tout d'abord, présentées rapidement, les **5 étapes** d'une bonne conclusion.

1. *Rappelez à votre vis-à-vis votre objectif commun.* Il y a quelque chose de très valorisant à se faire dire qu'on a atteint un objectif choisi consciemment. En rappelant à votre interlocuteur que vous vous étiez fixé un objectif et que vous l'avez atteint, vous faites en sorte d'être associé à ce sentiment de satisfaction qui accompagne l'accomplissement. Au cours de la prochaine négociation qu'il mènera avec vous, votre vis-à-vis sera bien disposé, s'attendant à retrouver le même sentiment.

2. *Reformulez l'entente.* Il n'est pas rare que les parties en viennent à une entente qui n'en est pas vraiment une parce que chacun la comprend à sa façon. Nous verrons, dans la prochaine section, comment la reformulation de l'entente peut vous aider à atteindre vos objectifs.

3. *Établissez un échéancier strict.* Il arrive fréquemment que deux personnes s'entendent de façon tout à fait officielle, mais que rien ne se passe par la suite. Si l'entente ne se traduit pas par des actes et que les gestes à poser à la suite de l'entente ne sont pas clairement précisés, il est possible que rien ne se passe. Chacun doit partir en sachant ce qui est attendu de lui.

4. *Transformez votre vis-à-vis en vendeur.* Votre vis-à-vis devra convaincre les siens qu'il a obtenu la meilleure entente possible. S'il n'est pas capable de vendre l'entente à son groupe de référence, celle-ci sera

remise en question et vos efforts auront été vains. Pour conclure une négociation, il vous faut donc aider votre vis-à-vis à préparer sa présentation et à passer pour un gagnant. Cela réduira les risques de reprise des négociations et augmentera le plaisir qu'aura votre vis-à-vis lorsqu'il renégociera avec vous.

5. *Atténuez les remords de votre vis-à-vis.* Rappelez-vous le dernier achat important que vous avez fait. Après la conclusion de l'achat, vous êtes-vous surpris à vous demander si vous aviez fait le bon choix ? Si vous aviez vraiment pris la bonne décision ?

La plupart des gens font de même quand ils évaluent une décision. Pour répondre à cette question, ils consultent leur mémoire à court terme et tentent de se rappeler ce qui s'est passé dans les dernières minutes de la rencontre. Ils déterminent alors s'ils ont raison d'être fiers des résultats obtenus.

Si vous vous êtes enfui en ricanant sitôt l'entente conclue, il en déduira qu'il a probablement été floué et résistera à la mise en oeuvre de l'entente. Vous vous serez fait un ennemi.

Si vous souhaitez vous assurer qu'il défendra l'entente et la mettra le plus rapidement possible en œuvre, confirmez-lui, avant de prendre congé, de la justesse de la décision. Serrez-lui la main en lui disant que vous avez eu du plaisir à négocier avec lui. Demandez-lui, avant de partir, si certaines choses le chicotent encore et assurez-le de votre entière disponibilité si des interrogations se faisaient jour dans son esprit quand vous vous serez quittés.

De cette façon, quand il se demandera s'il a pris la bonne décision, il répondra par l'affirmative et aura peu de remords.

La formulation de l'entente

Toutes les négociations ne demandent pas la rédaction d'un protocole d'entente. Pourtant, même lorsqu'une simple poignée de main scelle votre accord, vous devriez vous donner la peine de résumer l'entente et les engagements que vous avez pris. Idéalement, ces engagements devraient avoir été notés tout au long de la négociation.

Dans les cas où un protocole d'entente est nécessaire, offrez de le rédiger. En général, les gens n'aiment pas rédiger. Ils seront soulagés que vous vous en occupiez. Ce faisant, c'est votre version qui apparaîtra dans le document final et qui devra être interprétée si jamais un conflit survenait par la suite. Par ailleurs, si vous êtes le seul à avoir pris des notes pendant la négociation, ce rôle vous revient naturellement.

L'introduction de l'accord final devrait comporter votre objectif commun et les bénéfices qu'en retirent les parties impliquées. Soyez général ; communiquez simplement le fait que tous y trouvent leur compte.

Le corps du texte de l'entente, quant à lui, devrait être suffisamment clair pour ne pas prêter à interprétation. Ainsi, si l'accord prévoit que l'une des parties achètera quelque chose à l'autre, le nombre d'articles à acheter et le prix ne suffisent pas. Vous devez également indiquer qui paiera le transport et quand l'acheteur devra payer. Si vous omettez ces détails, vous risquez de vous en mordre les doigts.

Vous pouvez également prévoir ce qui se passera si l'une des parties est prise en défaut. Par exemple, le vendeur du cas précédent pourrait se retrouver dans l'incapacité de livrer les produits. Que se passera-t-il alors ?

Finalement, l'entente devrait comporter un échéancier assez précis pour que chaque personne sache, à la fin de la rencontre, ce qu'elle doit faire et quand elle doit le faire. Trop souvent, après une négociation, les gens se quittent et tardent à mettre l'accord en œuvre. Si les choses à faire figurent dans le texte final, ils les feront plus facilement.

Voici, pour terminer, quelques conseils à garder en mémoire si c'est votre vis-à-vis qui rédige l'entente finale.

Il arrivera que votre vis-à-vis ait en main un contrat type dont il n'a qu'à remplir les cases. Ne vous laissez pas impressionner par le contenu d'un tel contrat. Si des clauses ne font pas votre affaire, biffez-les, paraphez la rature et demandez à votre vis-à-vis d'en faire autant. Souvent, on croit immuables les choses vues dans un contrat préimprimé. Ce n'est pas le cas.

Avant de signer un protocole d'entente, relisez-le avec soin et, si vous êtes accompagné, faites-le relire. Vous vous assurerez ainsi d'y retrouver ce que vous souhaitez y retrouver.

Si, à la relecture, vous remarquez qu'il y a malentendu entre votre interlocuteur et vous, dites-le sans tarder. Il est tentant de signer tout de suite en se disant que l'on pourra toujours résoudre ensuite un désaccord. Mais, si vous suivez cette voie, vous créerez de l'insatisfaction chez votre vis-à-vis et vous lui ferez perdre la face devant les siens. Ce n'est pas une bonne idée.

Il arrive souvent, à la lecture du protocole, que vous pensiez à un élément qui devrait en faire partie mais qui n'a pas été discuté durant la négociation. Si cela se produit, c'est que la négociation n'est pas terminée. Vous pouvez la relancer en disant, par exemple : « Oups ! Je remarque que nous avons oublié de mentionner qui payait les frais de transport. Je suppose qu'ils sont inclus dans votre prix, n'est-ce pas ? » Si votre vis-à-vis répond par l'affirmative, intégrez la nouvelle clause au protocole d'entente.

Gare au picosseux !

À la fin de la négociation, vous remarquerez qu'une certaine torpeur vous envahit. La tension de la négociation disparaît d'un coup. Vous êtes content d'en être arrivé à une entente et vous vous détendez.

Mais certains interlocuteurs peuvent être tentés de profiter de la situation pour obtenir, lors de la rédaction du protocole (contrat, bon de commande, etc.), des concessions supplémentaires. Pendant que vous rédigez l'entente, ils vous tourneront autour en vous disant : «Naturellement, le transport est inclus» ou «Pourquoi ne pas me donner la lampe avec le mobilier de chambre? Ce serait très apprécié.»

Leur objectif est simple. Ils se disent que vous venez de conclure une entente et que vous ne tenez pas à retourner en négociation pour des frais de transport ou une petite lampe. Toutefois, sachez que si vous cédez, le picosseux vous demandera immédiatement autre chose, jusqu'à ce que vous lui disiez non. Pourquoi ne pas lui dire non tout de suite? De toute façon, à ce stade, il tient autant à l'entente que vous.

Pousser l'autre à l'action

Sauf dans le cas d'une entente incomplète ou mal rédigée, l'inertie constitue un autre obstacle susceptible de faire avorter une entente. Vous avez certes prévu un échéancier dans votre protocole d'entente, mais celui-ci contient peut-être des éléments désagréables (annoncer à un ancien fournisseur qu'il a été remplacé, mettre un employé à pied, etc.) qui ne seront pas mis en œuvre par votre vis-à-vis si vous ne le poussez pas à l'action.

Quand vient le temps de pousser une personne à l'action, le premier élément qui fait une différence est l'attitude. Si vous répétez sur un ton confiant à votre vis-à-vis ce que vous attendez de lui et si vous lui confirmez que vous savez qu'il saura relever le défi, vous créez chez lui une obligation de performance : il est normal de ne pas vouloir décevoir une personne qui nous fait confiance.

Voici d'autres conseils qui vous aideront à pousser votre vis-à-vis à l'action après la conclusion d'une négociation.

Rappelez-lui ce qu'il doit faire et la date à laquelle il doit avoir terminé. Plus on est vague sur ce point, plus on risque d'attendre. Cela n'est pas dû à la mauvaise volonté. Tous les jours, des événements bousculent notre horaire. Ce qui n'est pas planifié est simplement remis à plus tard.

Demandez-lui de répéter dans ses mots ce qu'il va faire. Procédez ainsi : « Bon. Pour résumer, voici ce que je vais faire demain :... Et vous, qu'avez-vous au programme ? » Ce type de requête paraîtra moins condescendante que : « Assurons-nous que vous avez bien compris. Voulez-vous... »

Terminez en lui disant que vous comptez sur lui, et que, de votre côté, vous vous mettrez au travail dès... Vous aurez ainsi créé une obligation de performance dans son esprit.

Tant que l'entente n'est pas mise en oeuvre, elle n'est qu'un ensemble de mots consignés dans un protocole. Pour qu'elle prenne toute sa valeur, vous devez la transformer en actes.

Mais il n'y a pas que votre vis-à-vis à être partie prenante dans cette entente. Vous devez également vous surveiller. Que ferez-vous demain ? Imposez-vous un échéancier personnel et assurez-vous de le respecter.

Transformer l'autre en vendeur

Après ces étapes, il ne reste plus que deux obstacles entre votre entente et sa réalisation. Un cas de force majeure pourrait survenir (une grève, un tremblement de terre, etc.) ou le groupe de référence de votre vis-à-vis pourrait refuser l'entente.

Vous ne pouvez rien contre les cas de force majeure, mais vous pouvez diminuer les risques de refus du groupe de référence de votre vis-à-vis.

Dans la mesure où, une fois le protocole d'entente signé, vous n'êtes plus deux négociateurs mais simplement deux êtres humains travaillant ensemble, vous pouvez demander à votre interlocuteur s'il sera en mesure de vendre l'entente à son groupe : « Que vont-ils penser en lisant l'entente ? Êtes-vous à l'aise avec toutes les clauses ? Y a-t-il des arguments que nous pourrions trouver ensemble pour faciliter votre présentation ? »

À ce moment, si un élément le tracasse, votre vis-à-vis vous en fera part. Ensemble, vous pourrez alors trouver des réponses et améliorer la qualité de sa présentation. Souvent, la clause qui paraît difficile à communiquer pour une personne est celle qui pose le moins de problème à l'autre. En discutant librement sur le sujet, vous vous assurerez que l'entente ne sera pas refusée et vous augmenterez encore l'estime que votre vis-à-vis vous porte.

Encore une fois, ce qui vaut pour votre vis-à-vis vaut également pour vous. Si vous prévoyez avoir de la difficulté à vendre un élément de l'entente à votre groupe de référence, dites-le à votre vis-à-vis et demandez-lui son aide. Il trouvera certainement la formule qui vous manque.

Si vous doutez encore de la capacité de votre vis-à-vis à s'engager dans l'action, expédiez-lui une lettre dans les jours qui suivent la fin de la négociation. Dans celle-ci, remerciez-le pour son travail, dites-lui que vous avez bien hâte de faire de nouveau affaire avec lui et rappelez-lui vos échéances respectives. Vous pouvez même en profiter pour annexer une copie de votre lettre au propre de l'entente.

12 ⟩ **L'évaluation**

Dans à peu près toutes les activités humaines, la meilleure manière de s'améliorer consiste à s'évaluer sans cesse. Si vous souhaitez améliorer votre performance pendant les négociations, le fait d'évaluer chacune d'elles vous permettra de prendre conscience de vos bons coups et de faire en sorte de ne pas répéter vos erreurs.

Évaluer les bonnes et les mauvaises performances

Vous devriez évaluer toutes vos négociations. Si vous n'évaluez que vos meilleures performances, vous ne trouverez que ce qu'il y a de bon à commenter et vous ne découvrirez pas les habiletés qu'il vous manque. Si vous n'évaluez que vos mauvaises performances, vous vous découragerez et hésiterez à vous lancer dans un combat qui vous semblera perdu d'avance.

Au cours des prochaines semaines, évaluez toutes les négociations que vous entreprendrez. De cette manière, vous découvrirez vos forces et la façon d'améliorer ce qui doit l'être. Au bout de ces quelques semaines, vous aurez développé de nouvelles habitudes et serez à l'aise dans des situations qui, auparavant, vous rendaient nerveux.

Des idées pour pratiquer

Vous souhaitez peut-être pratiquer vos nouvelles habiletés avant de vous lancer dans une vraie négociation ? Si tel est le cas, nous vous présentons maintenant 10 jeux de rôle qui vous permettront de vous évaluer et d'identifier vos forces et vos faiblesses.

Pour chacun d'eux, trouvez un partenaire prêt à jouer l'un des rôles. Ne jouez pas toujours l'acheteur ou le vendeur, jouez tous les rôles possibles. Après chaque simulation, évaluez votre performance à l'aide des grilles que nous vous présentons plus loin dans ce chapitre. Demandez également à votre partenaire de commenter chacune de vos performances.

➤ Vous avez acheté un roman qui ne vous plaît pas. Vous le ramenez à la librairie pour tenter d'obtenir un remboursement.

➤ Votre conjoint aimerait bien que vous vous rendiez ce soir à une soirée dansante. Mais vous, vous auriez préféré passer une soirée tranquille en couple. Qu'allez-vous faire ?

➤ Vous souhaitez louer un local dans une tour à bureaux. Le gérant vient de vous faire visiter un local de 450 pieds carrés qui vous intéresse. Malheureusement, il exige 24 $ le pied carré comme loyer et ne veut pas participer aux frais d'aménagement. Comment cela se terminera-t-il ?

➤ Vous souhaitez obtenir une marge de crédit d'un établissement financier où vous n'êtes pas connu. Qu'allez-vous faire pour y parvenir ? Votre rendez-vous avec le banquier a lieu dans trois minutes.

➤ Les performances de votre meilleur vendeur ont baissé ces derniers temps. Vous aimeriez bien qu'il corrige la situation. Vous devez le rencontrer à ce sujet dans les prochaines minutes. Curieusement, lui s'attend plutôt à ce que vous lui annonciez une augmentation de salaire. Bonne chance !

➤ Votre fille de 14 ans s'est fait un ami par Internet. Elle vous demande la permission d'aller passer une fin de semaine chez lui, dans une ville située à plus de 100 km de chez vous. Qu'allez-vous répondre ?

➤ En effectuant une livraison, vos livreurs ont légèrement égratigné le plancher de bois d'un client. Ce dernier réclame un plancher neuf. Allez-vous réussir à vous entendre ?

➤ Un fournisseur vous a expédié des produits endommagés. Vous souhaitez obtenir un remboursement ou un crédit. Le fournisseur, lui, pense plutôt que les boîtes ont été endommagées dans votre entrepôt.

➤ Vous aimeriez qu'un de vos fournisseurs s'implique financièrement dans votre nouvelle campagne publicitaire. Saurez-vous trouver les mots qui le convaincront ?

➤ Votre carnet de commandes déborde et vous avez approché un pigiste avec qui vous n'avez jamais fait affaire afin qu'il se charge d'une partie de vos mandats. Cependant, il exige des honoraires deux fois plus élevés que ceux de vos pigistes réguliers. Qu'allez-vous faire?

Ne vous limitez pas aux scénarios que nous vous présentons. Inventez-en ou, mieux encore, simulez une négociation que vous entreprendrez bientôt.

Ce que vous devez évaluer

Les résultats obtenus constituent la première chose à évaluer. Où se situent-ils par rapport aux objectifs que vous vous étiez fixés? Avez-vous transigé sous votre seuil? Pourquoi? Vos objectifs initiaux étaient-ils loin de la réalité? Comment expliquez-vous cet écart? Quelle information vous manquait-il pour vous fixer des objectifs raisonnables? Enfin, êtes-vous satisfait des résultats?

Les éléments que vous pouvez évaluer

Les résultats obtenus	Votre vis-à-vis
Votre préparation	Votre stratégie centrale
Votre stratégie périphérique	Vos comportements
Le processus de négociation	Votre horizon temporel

Après une négociation, vous pouvez aussi évaluer comment vous considérez maintenant votre **vis-à-vis**. Quelle attitude a-t-il adoptée au début de la négociation? A-t-il changé d'attitude pendant la négociation? Êtes-vous satisfait de votre relation avec lui? Souhaitez-vous renégocier avec lui?

Bien évaluer son vis-à-vis est essentiel à la survie en affaires et au bien-être dans les relations humaines. Voici quelques conclusions qu'un négociateur pourrait tirer d'une évaluation de son vis-à-vis.

➤ Cette personne est attentive et bien intentionnée, mais elle ne me connaît pas encore assez pour me faire vraiment confiance. Je devrai, au cours des prochaines négociations, continuer à lui prouver que je suis crédible. Cette personne pourrait bien devenir un partenaire de premier plan.

➤ Ce client n'en est pas vraiment un. Il a peur que je fasse un sou de profit, il n'est là que pour m'imposer son point de vue. Plus je ferai des affaires avec lui, plus je perdrai de l'argent. À l'avenir je vais m'efforcer de l'éviter.

➤ Ce client est un négociateur féroce mais juste. Il sait tirer avantage d'une position de force mais n'en profite jamais pour m'écraser. Je suis persuadé que j'ai tout intérêt à poursuivre ma relation avec lui.

Votre préparation constitue le troisième élément à évaluer. Dans les paragraphes suivants, vous trouverez des questions qui vous aideront à évaluer votre performance lors de **3 étapes**: la recherche d'information, l'évaluation du rapport de force et le choix de votre attitude initiale.

1. La recherche d'information. L'information que vous avez recueillie sur votre vis-à-vis était-elle fiable? Y a-t-il quelque chose que vous auriez dû savoir sur lui et dont l'ignorance a nui à votre prestation? Votre ignorance du cadre réglementaire, des pratiques du secteur et des comportements courants vous a-t-elle nui? Si c'était à refaire, quelle information, que vous avez négligée lors de la négociation, utiliseriez-vous maintenant? Vos sources d'information sont-elles fiables? Quelle source avez-vous négligée?

2. L'évaluation du rapport de force. Avez-vous sous-estimé votre pouvoir relatif dans cette négociation? L'avez-vous surestimé? Quels sont les facteurs créateurs de pouvoir qui ont été déterminants pendant la négociation? À quoi semblait surtout tenir votre vis-à-vis? Pour ce qui est du rapport de force, comment auriez-vous pu faire meilleure figure?

3. Le choix de votre attitude initiale. Quelle attitude avez-vous choisi d'adopter en début de négociation? Cette attitude vous a-t-elle bien servi? Avez-vous été contraint de la modifier pendant la négociation? Pourquoi? Était-ce un choix rationnel ou émotif? Cela vous a-t-il bien servi? Si c'était à refaire, adopteriez-vous la même attitude? Pourquoi?

Votre stratégie centrale devrait être évaluée en quatrième lieu. Demandez-vous si elle vous a aidé à marquer des points, si votre vis-à-vis l'a trouvée intéressante ou s'il y a vu des failles logiques. Demandez-vous également ce que vous y changeriez si vous pouviez reprendre la négociation.

En cinquième lieu, jetez sur **votre stratégie périphérique** un regard objectif. A-t-elle été bien planifiée? Vous êtes-vous surpris à utiliser une stratégie périphérique que vous n'aviez pas prévu utiliser? Quels éléments (contraste, réciprocité, etc.) ont eu le plus d'impact sur votre vis-à-vis? Quel était sa stratégie périphérique? Ses efforts ont-ils été couronnés de succès? À quelle stratégie périphérique êtes-vous le plus sensible?

Sixièmement, évaluez **vos comportements** pendant la négociation en les notant de 1 à 10. Voici, pour vous aider, une liste d'affirmations qui vous permettront de déterminer les comportements souhaitables.

— J'ai écouté plus que je n'ai parlé.

— J'ai reformulé régulièrement les propos de mon interlocuteur pour m'assurer que je les comprenais bien.

— À intervalles réguliers, j'ai fait le point sur la discussion.

— J'ai exprimé mes attentes et mes besoins à mon vis-à-vis.

— J'ai proposé des solutions.

— J'ai fait remarquer à mon vis-à-vis les points sur lesquels nous avions le même point de vue.

— Quand la discussion s'éloignait trop de notre objectif commun, je rappelais à mon vis-à-vis la raison d'être de la rencontre.

— J'ai tenté d'élargir la tarte et de négocier en fonction de nos besoins plutôt qu'en fonction de nos positions initiales.

— Mon comportement et mon apparence avaient été étudiés pour faire grandir ma crédibilité.

— J'ai fait au moins un compliment à mon vis-à-vis pendant la rencontre.

— J'ai utilisé un vocabulaire positif.

— J'avais une vision objective de mon vis-à-vis au début de la rencontre. Mon imagination n'a pas pris le dessus. Je me suis lancé en donnant la chance au coureur.

En septième lieu, vous vous interrogerez sur la manière dont vous avez tenu compte **du processus de négociation.** Très souvent, dans le feu de l'action, on oublie que le processus de négociation est aussi important, si on veut que notre vis-à-vis soit satisfait, que les termes de l'entente. Pour cette raison, il importe de se poser des questions, après la rencontre, sur notre performance à chacune des étapes.

Comment a eu lieu le contact initial ? Qu'avez-vous fait pour être apprécié ? Aviez-vous prévu un petit cadeau ? Comment qualifieriez-vous le climat après les deux premières minutes de la rencontre ? Que feriez-vous différemment si vous aviez la chance de recommencer ?

Y a-t-il eu identification des enjeux ? Avez-vous posé suffisamment de questions pour savoir ce qui motivait la position initiale de votre vis-à-vis ? Vous êtes-vous donné des règles ? Regrettez-vous de l'avoir fait ? de ne pas l'avoir fait ? Avez-vous été à l'affût des messages qui se cachaient sous ses phrases ? Que feriez-vous différemment si vous pouviez reprendre cette étape de la négociation ?

Que retenez-vous de la négociation proprement dite ? Y a-t-il eu proposition d'une solution créative ? Comment a-t-elle été reçue ? Quelles tactiques avez-vous utilisées ? Quelles tactiques votre vis-à-vis a-t-il employées ? Avez-vous su exercer correctement de la pression sur lui ? Vous êtes-vous accordé un temps de réflexion avant de faire vos concessions ? Vous êtes-vous retenu quand votre vis-à-vis risquait de perdre la face ? Avez-vous suivi les règles de l'étiquette en négociation ? Que feriez-vous différemment ?

La conclusion de l'entente vous a-t-elle contenté ou laissé amer ? Pouvez-vous identifier la source de ce contentement ou de cette amertume ? Y avait-il lieu de rédiger un protocole d'entente ? Si oui, est-ce vous qui l'avez rédigé ? Si vous ne l'avez pas rédigé, l'avez-vous bien lu avant de le signer ? Avez-vous pris le temps de transformer votre vis-à-vis en vendeur ? Vous êtes-vous assuré qu'il agirait rapidement ? Avez-vous résisté, après la conclusion de l'entente, aux demandes de concession de dernière minute ? Que feriez-vous différemment si vous le pouviez ?

Finalement et en huitième lieu, évaluez quel a été **votre horizon temporel** pendant la rencontre. Vous êtes-vous contenté d'un horizon à court terme ? Avez-vous su allonger l'horizon temporel de votre vis-à-vis ? Avez-vous fait des gains à court terme que vous regrettez maintenant parce qu'ils ont nui à votre relation à long terme ? Que feriez-vous différemment ?

En demandons-nous trop ? Il est évident que vous ne pouvez pas évaluer toutes vos négociations en profondeur ; vous y passeriez toutes vos journées. Cependant, si vous évaluez régulièrement votre performance en recourant à certaines des questions précédentes, vous vous améliorerez rapidement. Vous savez maintenant où regarder. L'acquisition de ces habiletés en sera grandement facilitée.

Troisième partie

Le plan
de match

13 〉 *Comment utiliser son plan de match*

Dans cette troisième partie, vous trouverez des grilles de travail qui vous permettront, dans un premier temps, de planifier votre négociation et, dans un deuxième temps, d'évaluer votre performance afin d'améliorer vos habiletés d'une négociation à l'autre.

Comme il est indiqué sur chaque page, vous pouvez photocopier ces grilles et vous faire un cahier pour chaque négociation importante que vous préparerez.

Finalement, si une question ou un titre ne vous paraît pas clair, n'hésitez pas à relire les chapitres qui traitent de ces aspects. Une relecture rapide de la table des matières, avant d'entreprendre le remplissage des grilles, vous sera d'un grand secours.

Bon travail !

PREMIÈRE PARTIE : LA PRÉPARATION DE LA NÉGOCIATION

1. L'importance relative

De quel objectif cette négociation peut-elle vous rapprocher ? Répondez, puis indiquez l'importance relative de cette négociation (note de 1 à 10).

2. La recherche d'information

2.1. Votre vis-à-vis

Situez-vous et situez votre vis-à-vis dans le schéma suivant. Indiquez ensuite les implications que cela aura sur votre comportement.

Connaissez-vous son mode d'opération en négociation ?

Qui fait partie de son groupe de référence?

_____

_____

Quelle est sa sphère de contrôle?

_____

Quel devrait être son état d'esprit lors de la rencontre?

_____

Quels peuvent être ses besoins inavoués?

_____

_____

2.2. Le cadre réglementaire

_____

_____

2.3. Les pratiques du secteur

_____

_____

2.4. L'opinion des spécialistes

_____

_____

2.5. Les comportements courants

_____

_____

3. L'évaluation des pouvoirs en présence

Cochez les pouvoirs sur lesquels vous pouvez compter
et ceux dont bénéficient votre vis-à-vis. **Vous** **Lui**

Le pouvoir de coercition _____ _____

Le pouvoir de récompense _____ _____

Le pouvoir lié au statut _____ _____

Le pouvoir lié à l'expertise _____ _____

Le pouvoir informationnel _____ _____

Le pouvoir situationnel _____ _____

Le pouvoir de réseau _____ _____

Le pouvoir charismatique _____ _____

Le pouvoir légitime _____ _____

4. Le choix de l'attitude à adopter

Quelle attitude prévoyez-vous adopter et pourquoi ?

_____

_____

_____

5. Les objectifs

Quel est votre objectif minimal ?

_____

_____

Sous quel seuil déciderez-vous d'annoncer l'impasse ?

_____

_____

Quelle est votre solution de rechange ?

_____

_____

6. La stratégie centrale

Complétez le tableau suivant et expliquez votre stratégie centrale.

STRATÉGIE CENTRALE			
Ce que vous voulez	Ce que votre cible y gagnera	Ce que vous avez en commun	Structure de votre présentation

_____

_____

_____

_____

7. La stratégie périphérique

Indiquez comment chacun des éléments suivants peut vous aider à élaborer une stratégie périphérique.

a. Le contraste : _____
_____

b. La réciprocité : _____
_____

c. L'engagement : _____
_____

d. La preuve sociale : _____
_____

e. La rareté : _____
_____

f. L'autorité : _____
_____

g. La raison : _____
_____

DEUXIÈME PARTIE : L'ÉVALUATION DE LA NÉGOCIATION

1. Les résultats obtenus

_____

_____

_____

_____

2. Votre vis-à-vis

_____

_____

_____

_____

3. Votre préparation

_____

_____

_____

_____

4. Votre stratégie centrale

_____

_____

_____

_____

5. Votre stratégie périphérique

_____

_____

_____

_____

6. Vos comportements

Accordez-vous une note de 1 à 10 pour chacun des énoncés suivants.

_____ J'ai écouté plus que je n'ai parlé.

_____ J'ai reformulé régulièrement les propos de mon interlocuteur pour m'assurer que je les comprenais bien.

_____ À intervalles réguliers, j'ai fait le point sur la discussion.

_____ J'ai exprimé mes attentes et mes besoins à mon vis-à-vis.

_____ J'ai proposé des solutions.

_____ J'ai fait remarquer à mon vis-à-vis les points sur lesquels nous avions le même point de vue.

_____ Quand la discussion s'éloignait trop de notre objectif commun, je rappelais à mon vis-à-vis la raison d'être de la rencontre.

_____ J'ai tenté d'élargir la tarte et de négocier en fonction de nos besoins plutôt qu'en fonction de nos positions initiales.

_____ Mon comportement et mon apparence avaient été étudiés pour faire grandir ma crédibilité.

_____ J'ai fait au moins un compliment à mon vis-à-vis pendant la rencontre.

_____ J'ai utilisé un vocabulaire positif.

_____ J'avais une vision objective de mon vis-à-vis au début de la rencontre. Mon imagination n'a pas pris le dessus. Je me suis lancé en donnant la chance au coureur.

7. Le processus de négociation

_____

_____

_____

_____

8. Votre horizon temporel

_____

_____

_____

_____

Conclusion

Profitons de cette conclusion pour traiter rapidement de ce sentiment teinté à la fois d'agacement et d'incertitude qui vous a accompagné tout au long de votre lecture.

À l'origine de ce sentiment, il y a sans doute ces questions qui vous assaillaient chaque fois que vous lisiez un encadré ou qu'une tactique vous était présentée : « Est-ce de la manipulation si j'utilise de tels stratagèmes ? », « Comment pourrais-je m'y résoudre ? », « Que penserait-on de moi si j'agissais ainsi ? »

Si vous vous êtes posé ce genre de questions pendant votre lecture, c'est que vous êtes un individu sain qui aspire à des relations à long terme avec les gens de son entourage et qui souhaite obtenir son dû sans prendre celui des autres. Nous vous en félicitons. Idéalement, tous les êtres humains devraient partager votre point de vue.

Mais nous ne vivons pas dans un monde idéal. Si vous ne connaissez pas les tactiques de manipulation, vous risquez de subir les assauts des arnaqueurs et de ceux qui ne pensent qu'à leurs intérêts.

C'est la première raison pour laquelle nous avons choisi d'inclure à notre ouvrage ces capsules accompagnées d'un X encadré. Connaître ces tactiques vous permet de les reconnaître avant de vous apercevoir que vous avez dit oui à un arnaqueur et que celui-ci vient de quitter les lieux avec une partie de votre patrimoine.

Au cours de votre lecture, vous avez pu remarquer que certaines personnes utilisent astucieusement l'ethos, le pathos et le logos pour parvenir à leurs fins. Vous pouvez maintenant sourire quand elles vont trop loin. Puisque vous connaissez leurs tactiques, celles-ci n'ont plus d'emprise sur vous. C'était là notre premier objectif en vous proposant ces capsules.

Une deuxième raison explique notre choix : nous souhaitions vous offrir des règles vous permettant d'établir jusqu'où vous pouvez aller avant de tomber dans la manipulation. Jusqu'où, en effet, peut-on aller tout en gardant la tête haute ?

La réponse à cette question n'est pas simple, mais elle peut être présentée en deux volets. Voici les deux conditions auxquelles vous devez soumettre vos stratégies avant de les mettre à exécution.

L'information que vous présentez à votre vis-à-vis doit être exacte.

Votre objectif doit être de faire deux gagnants. Vous ne devez pas être le seul bénéficiaire à long terme de vos exploits de négociateur.

Si votre stratégie respecte ces deux conditions, vous ne dépasserez jamais les bornes en la mettant à exécution. C'est là votre garantie que vous ne serez pas mis au ban et qu'on continuera à apprécier de négocier avec vous.

Ainsi, présenter de fausses lettres de satisfaction est de la manipulation. Mais présenter des lettres provenant réellement de clients que vous avez satisfaits, c'est informer votre vis-à-vis et l'aider à prendre une décision éclairée.

De même, dire à un client qu'il ne vous reste qu'un seul article en stock alors que votre entrepôt en déborde est de la manipulation. Au contraire, c'est lui rendre service que de lui apprendre que c'est le dernier quand c'est vrai. Il aurait raison de vous en vouloir si vous ne le lui dites pas et qu'il se retrouve le bec dans l'eau, 10 minutes plus tard, quand il se sera décidé.

Tant que vous respectez ces deux conditions, vous n'avez pas à hésiter en utilisant les outils qui vous ont été présentés dans ces pages. Quand vous le faites, vous informez votre vis-à-vis, vous l'aidez à prendre une décision éclairée et vous faites preuve de respect à son égard.

Retenez finalement que la frontière entre un comportement éthique et non éthique, malgré les deux conditions que nous venons de proposer, reste floue et varie d'un négociateur à l'autre. N'hésitez pas, si vous sentez que votre vis-à-vis flirte avec la manipulation, à lui rappeler les principes qui vous guident en négociation.

Un cercle vertueux

Nous avons dit, au chapitre 6, qu'une bonne estime personnelle était essentielle au succès en négociation. Terminons en vous présentant une bonne nouvelle à ce sujet.

Votre niveau d'estime personnelle n'est pas fixé une fois pour toutes. En devenant meilleur négociateur, en prenant conscience que vous n'avez pas à subir les assauts des autres et que vous affirmer permet à tous de sortir gagnants d'une négociation, vous verrez cette estime personnelle grandir. Dès lors, chaque nouvelle négociation sera plus facile à conclure. Estime personnelle et succès en négociation forment un cercle vertueux.

Mieux encore, vos vis-à-vis, à votre contact, se rendront compte qu'il est possible pour eux de conclure de meilleures ententes et leur estime personnelle grandira également. Dès lors, votre pouvoir relatif croîtra, parce que tous les êtres humains aiment côtoyer une personne auprès de qui ils se sentent meilleurs et plus compétents. On vous fera des propositions qu'on ne vous aurait jamais faites auparavant. On vous traitera avec plus de respect. Bref, on vous verra comme un partenaire auprès de qui il fait bon travailler.

C'est ce que nous vous souhaitons.

Bon travail.

Bon succès.

Bibliographie sélective

ANDERSON, Kare. *Getting What you Want: How to Reach Agreement and Resolve Conflict Every Time*, Plume, New York, 1994, 244 p.

BOLTON, Robert. *People Skills: How to Assert Yourself, Listen to Others, and Resolve Conflict*, Touchstone, New York, 1979, 300 p.

BRANDEN, Nathaniel. *How to Raise Your Self-Esteem*, Bantam Books, New York, 1988, 168 p.

BRETON, Pascale. « Un juste retour du balancier », journal *La Presse*, Montréal, 15 juillet 2000, page A3.

BRODY, Marjorie, et Shawn KENT. *Power Presentations: How to Connect With Your Audience and Sell Your Ideas*, Wiley, New York, 1993, 210 p.

CIALDINI, Robert. *Influence: Science and Practice*, Allyn and Bacon, Needham Heights, 2001, 262 p.

FREEMAN, Arthur, et Rose DEWOLF. *The 10 Dumbest Mistakes Smart People Make and How to Avoid Them*, HarperPerennial, New York, 1993, 284 p.

GREENE, Robert. *The 48 Laws of Power*, Penguin Books, New York, 2000, 456 p.

GRIFFIN, Jack, *How to Say It at Work : Putting Yourself Across With Power Words, Phrases, Body Language, and Communication Secrets*, Prentice Hall Press, New Jersey, 1998, 394 p.

HOGAN, Kevin. *The Psychology of Persuasion : How to Persuade Others to Your Way of Thinking*, Pelican, Louisiane, 1998, 288 p.

KARRASS, Chester L. *Give and Take : The Complete Guide to Negotiating Strategies and Tactics*, HarperBusiness, New York, 1995, 282 p.

KARRASS, Chester L. *The Negociating Game*, Harper Collins, New York, 1992, 258 p.

LAMBERT, Tom. *The Power of Influence : Intensive Influencing Skills at Work*, Nicholas Brealy Publishing, Londres, 1996, 214 p.

LEE, Blaine. *The Power Principle : Influence With Honor*, Simon and Schuster, New York, 1997, 366 p.

LIEBERMAN, David J. *Get Anyone to Do Anything and Never Feel Powerless Again*, St. Martin's Press, New York, 2000, 188 p.

LIEBERMAN, David J. *Never Be Lied Again*, St. Martin's Press, New York, 1998, 206 p.

MILLS, Harry. *Artful Persuasion : How to Command Attention, Change Minds and Influence People*, Amacom, New York, 2000, 300 p.

PRATKANIS, Anthony, et Elliot ARONSON. *Age of Propaganda : The Everyday Use and Abuse of Persuasion*, Freeman, New York, 1992, 302 p.

SAMSON, Alain. *La guerre des prix n'aura pas lieu*, Société-conseil Alain Samson, Drummondville, 2001, 148 p.

SAMSON, Alain. *Mieux comprendre ses collègues, son patron, ses employés*, Éditions Transcontinental, Montréal, 1999, 214 p.

SAMSON, Alain. *Profession: vendeur au détail*, Société-conseil Alain Samson, Drummondville, 2000, 196 p.

SPIEGEL, Jill. *Flirting for Success: The Art of Building Rapport*, Warner Books, New York, 1995, 184 p.

STARK, Mike R. *The Power of Negotiating*, Trimark Publishing, Littleton, 1996, 120 p.

TRACY, Brian. *Maximum Achievement*, Fireside, New York, 1993, 352 p.

VOLKEMA, Roger J. *The Negotiation Tool Kit: How to Get Exactly What You Want in Any Business or Personal Situation*, Amacom, New York, 1999, 208 p.

COLLECTION ENTREPRENDRE

**Mettre de l'ordre dans
l'entreprise familiale**
Yvon G. Perreault
19,95 $ • 128 pages, 1994

Famille en affaires
Alain Samson en collaboration avec Paul
Dell'Aniello
24,95 $ • 192 pages, 1994

Profession : entrepreneur
Yvon Gasse et Aline D'Amours
19,95 $ • 140 pages, 1993

Entrepreneurship et développement local
Paul Prévost
24,95 $ • 200 pages, 1993

**L'entreprise familiale
(2ᵉ édition)**
Yvon G. Perreault
24,95 $ • 292 pages, 199

Le crédit en entreprise
Pierre A. Douville
19,95 $ • 140 pages, 1993

La passion du client
Yvan Dubuc
24,95 $ • 210 pages, 1993

Entrepreneurship technologique
Roger A. Blais et Jean-MarieToulouse
29,95 $ • 416 pages, 1992

**Devenez entrepreneur
(2ᵉ édition)**
Paul-A. Fortin
27,95 $ • 360 pages, 1992

Correspondance d'affaires
Brigitte Van Coillie-Tremblay, Micheline
Bartlett et Diane Forgues-Michaud
24,95 $ • 268 pages, 1991

Transcontinental
IMPRESSION
IMPRIMERIE GAGNÉ

IMPRIMÉ AU CANADA